LUTO E MELANCOLIA

CB006317

PARA LER FREUD
Organização de Nina Saroldi

LUTO E MELANCOLIA
À sombra do espetáculo

Por Sandra Edler

12ª edição

FREUD

CIVILIZAÇÃO BRASILEIRA
Rio de Janeiro
2025

Copyright © Sandra Edler, 2008

Capa e Projeto gráfico de miolo
Gabinete de Artes/Alex Sande

Diagramação
Abreu`s System

CIP-BRASIL. CATALOGAÇÃO-NA-FONTE
SINDICATO NACIONAL DOS EDITORES DE LIVROS, RJ

E25L
12ª ed.

Edler, Sandra
Luto e melancolia: à sombra do espetáculo / Sandra Edler. – 12ª ed. – Rio de Janeiro: Civilização Brasileira, 2025.
(Para ler Freud)

Inclui bibliografia
ISBN 978-85-200-0842-3

1. Freud, Sigmund, 1856-1939. 2. Luto - Aspectos psicológicos. 3. Melancolia - Aspectos psicológicos. 4. Transtorno bipolar - Aspectos psicológicos. I. Título. II. Série.

08-3711.

CDD: 150.1952
CDU: 159.964.2

Todos os direitos reservados. Proibida a reprodução, armazenamento ou transmissão de partes deste livro, através de quaisquer meios, sem prévia autorização por escrito.

Direitos desta edição adquiridos pela
EDITORA CIVILIZAÇÃO BRASILEIRA
Um selo da
EDITORA JOSÉ OLYMPIO LTDA.
Rua Argentina, 171 – 20921-380 – Rio de Janeiro, RJ – Tel.: (21)2585-2000

Seja um leitor preferencial Record.
Cadastre-se no site www.record.com.br e receba informações sobre nossos lançamentos e nossas promoções.

Atendimento e venda direta ao leitor:
sac@record.com.br

Impresso no Brasil
2025

SUMÁRIO

Para Martha e Tomás, com amor
Para Nikodem Edler, pela história
que construímos juntos todos os dias

APRESENTAÇÃO DA COLEÇÃO

Em 1939, morria em Londres Sigmund Freud. Hoje, passadas tantas décadas, cabe perguntar por que ler Freud e, mais ainda, qual a importância de lançar uma coleção cujo objetivo é despertar a curiosidade a respeito de sua obra.

Será que vale a pena ler Freud porque ele criou um campo novo do saber, um ramo da psicologia situado entre a filosofia e a medicina, batizado de psicanálise?

Será que o lemos porque ele criou, ou reinventou, conceitos como os de inconsciente e recalque, que ultrapassaram as fronteiras do campo psicanalítico e invadiram nosso imaginário, ao que tudo indica, definitivamente?

Será que devemos ler o mestre de Viena porque, apesar de todos os recursos farmacológicos e de toda a ampla oferta de terapias no mercado atual, ainda há muitos que acreditam na existência da alma (ou de algo semelhante), e procuram o divã para tratar de suas dores?

Será que vale ler Freud porque, como dizem os que compartilham sua língua-mãe, ele é um dos grandes estilistas da língua alemã, razão pela qual recebeu, inclusive, o prêmio Goethe?

Será que seus casos clínicos ainda são lidos por curiosidade "histórico-mundana", para conhecer as "bizarrices" da burguesia austríaca do final do século XIX e do início do século XX?

Será que, em tempos narcisistas, competitivos e exibicionistas como os nossos, é reconfortante ler um investigador que não tem medo de confessar seus fracassos e que elabora suas teorias de modo sempre aberto à crítica?

Será que Freud é lido porque é raro encontrar quem escreva como se conversasse com o leitor, fazendo dele, na verdade, um interlocutor?

É verdade que, tanto tempo depois da morte de Freud, muita coisa mudou. Novas configurações familiares e culturais e o progresso da tecnociência, por exemplo, questionam suas teorias e põem em xeque, sob alguns aspectos, sua relevância.

Todavia, chama a atenção o fato de, a despeito de todos os anestésicos — químicos ou não — que nos protegem do contato com nossas mazelas físicas e psíquicas, ainda haver gente que se disponha a deitar-se num divã e simplesmente falar, falar, repetir e elaborar, extraindo "a seco" um sentido de seu desejo para além das fórmulas prontas e dos consolos que o mundo consumista oferece — a partir de 1,99.

Cada um dos volumes desta coleção se dedica a apresentar um dos textos de Freud, selecionado segundo o critério de importância no âmbito da obra e, ao mesmo tempo, de seu interesse para a discussão de temas contemporâneos na psicanálise e fora dela. Exceção à regra são os três volumes temáticos — histeria, neurose obsessiva e complexo de Édipo —, que abordam, cada um, um espectro de textos que seriam empobrecidos se comentados em separado. No volume sobre a histeria, por exemplo, vários casos clínicos e artigos são abordados, procurando refazer o percurso do tema na obra de Freud.

A cada autor foi solicitado que apresentasse de maneira didática o texto que lhe coube, contextualizando-o na obra, e que, num segundo momento, enveredasse pelas questões que ele suscita em nossos dias. Não necessariamente psicanalistas, todos têm grande envolvimento com a obra de Freud, para além das orientações institucionais ou políticas que dominam os meios psicanalíticos. Alguns já são bem conhecidos do leitor que se interessa por psicanálise; outros são professores de filosofia ou de áreas afins, que fazem uso da obra de Freud em seus respectivos campos do saber. Pediu-se, na contramão dos tempos narcisistas, que valorizassem Freud por si mesmo e encorajassem a leitura de sua obra, por meio da arte de escrever para os não-iniciados.

A editora Civilização Brasileira e eu pensamos em tudo isso ao planejarmos a coleção, mas a resposta à pergunta "por que ler Freud?" é, na verdade, bem mais simples: porque é muito bom ler Freud.

NINA SAROLDI
Organizadora da coleção

PREFÁCIO

O presente volume contempla um artigo de Freud que se tornou referência obrigatória para todos os que se interessam pelo tema onipresente da depressão e dos transtornos ditos bipolares. Escrito em 1915, *Luto e melancolia* investiga os dois estados que dão título ao trabalho, ressaltando o aspecto natural do primeiro e o aspecto complexo e enigmático que reveste o segundo. Além disso, o artigo integra — juntamente com *As pulsões e seus destinos*, *O recalque*, *O inconsciente* e *Complemento metapsicológico à teoria dos sonhos* — a chamada "Metapsicologia", conjunto de artigos escritos por Freud em tempo recorde, um seguido do outro, e destinados a fazer uma descrição exaustiva dos processos mentais, registrando as principais elaborações da teoria psicanalítica até então.*

O luto, sentimento normal diante da perda de alguém ou de algo que seja valioso para o sujeito, afeta todas as pessoas em algum momento da vida, e é até necessário para que se possa realmente elaborar a perda e seguir em frente, à procura de objetos substitutos que ocupem o lugar do que foi perdido. Freud estabelece uma analogia entre esse afeto e a melancolia, mostrando como o luto pode ser a via para o

---

* *As pulsões e seus destinos* e *O inconsciente* são temas de outros volumes desta coleção.

desenvolvimento de um quadro bem mais doloroso e difícil, uma espécie de luto "cronificado".

A melancolia é descrita por Freud como um quadro de suspensão do interesse pelo mundo externo, de acentuada diminuição da auto-estima, podendo até mesmo chegar a uma expectativa delirante de punição. Outro aspecto importante na investigação da melancolia é a questão da identificação do melancólico com o objeto perdido. A célebre frase "a sombra do objeto se abateu sobre o eu" se tornou praticamente uma fórmula para descrever os estados que, hoje, chamaríamos de depressivos.

Outro conceito importante que aparece no artigo em questão, ainda que sem moldura teórica, é o de superego. Denominado naquele momento de "instância crítica", ele é minuciosamente descrito em termos clínicos, o que prepara o terreno para as futuras elaborações do termo. Observa-se na melancolia uma divisão do eu na qual uma parte, a "instância crítica", se volta contra a outra, tornando-se seu algoz implacável.

Em seu livro, Sandra Edler define a importância dos conceitos ali presentes para a discussão psicanalítica posterior. Com vasta experiência clínica, sua escrita é permeada de exemplos, nem sempre explícitos, de "falas" de consultório que revelam e ilustram os afetos comentados.

Muito relevante é a preocupação da autora em distinguir os estados descritos por Freud daquilo que se encontra atualmente na clínica e fora dela, na vida social. As diferenças entre as depressões de hoje e as de ontem são descritas tanto no sentido de seu conteúdo e de sua forma de manifestação — daí a importância da escuta da autora no consultório

— quanto no sentido quantitativo, da freqüência crescente com que comparecem na clínica e nas queixas comuns, recolhidas em qualquer conversa informal de nossos tempos "prozaquianos".

A autora retoma a origem do termo melancolia desde os gregos e afirma que seu deslocamento para o termo depressão só se deu na primeira metade do século XIX. Para Freud, a melancolia é um caso grave de estado depressivo. Sandra Edler observa que a descrição que ele faz do quadro permitiria classificá-la hoje como psicose, embora Freud a tenha inserido entre as neuroses narcísicas.

No livro de Sandra Edler encontramos uma interessante análise da questão do suicídio melancólico, que se vale da biografia do escritor Stefan Zweig como ilustração, e uma importante e sintética distinção entre tristeza, depressão e melancolia. A tristeza deveria parecer algo absolutamente normal em uma vida que nos expõe à alegria, mas também nos impõe perdas; mas infelizmente não é assim na cultura da imagem na qual estamos imersos. A depressão e a melancolia, por sua vez, estão ao menos um grau acima em relação à tristeza e comprometem a vida dos afetados de modo mais grave.

Na depressão contemporânea, de acordo com a denominação da autora, observa-se certo esvaziamento subjetivo e uma sensação de perda de sentido nas iniciativas comuns da vida. Informada por teorias da própria psicanálise e por diversas contribuições da sociologia, Sandra Edler afirma que nosso tempo é vítima de uma "inflação" do imaginário; um tempo narcisista, de paixão pela própria imagem, do qual o aceno da ciência com a possibilidade de fabricar clones é a expressão extrema.

Dialogando com autores como Christopher Lasch, Guy Debord, Zygmunt Bauman e Alain Ehrenberg, a autora demonstra como o desenvolvimento tecnológico e a economia de mercado apontam insistentemente para a possibilidade de superação do impossível. Nesse pano de fundo, há uma mudança radical na dinâmica da castração, que revela, como o avesso das promessas publicitárias que povoam o ambiente da globalização, um aumento significativo do sentimento de impotência. O homem contemporâneo se sente insuficiente diante das pressões da competitividade econômica e das exigências de gozo que permeiam as relações afetivas. Em vez de manifestar a dimensão do conflito psíquico que, de certa forma, empurrava o neurótico de Freud para a frente, o deprimido de hoje é capturado pela própria insuficiência, que sempre se vale de modelos esmagadores para confirmar sua inferioridade (o corpo de Madonna, a inteligência e a riqueza de Bill Gates podem ser tomados — e o são — como agressões "pessoais" à própria capacidade e aos próprios dons).

Nas palavras de Sandra Edler, "a vergonha substituiu a culpa", Édipo saiu de cena, recolhido à sua cegueira, e entrou Narciso para brilhar. O deprimido hoje não procura algo que esteja na ordem de um amor-próprio para se curar; ele procura se elevar a uma imagem ideal que o satisfaça. Para usar a expressão popular, o mais importante hoje não é ser o que se é, mas sim "ficar bem na foto".

NINA SAROLDI

Parte I

Freud, luto e melancolia

ONTEM E HOJE

Vivemos, nessa primeira década do século XXI, confrontados com a palavra depressão e, mais que isso, imersos na problemática depressiva que comparece não apenas nos consultórios de psicanálise, mas também nas conversas do dia-a-dia, na praia, nos salões. Todos sabem de alguém, familiar ou amigo, que teve, está tendo, recorreu a isso ou àquilo para melhorar, sair desse processo. A depressão se tornou próxima de todos nós.

Durante os anos de prática clínica, acompanhando o crescimento da condição depressiva inspiradora de uma queixa sistemática, formulamos interrogações: as depressões de hoje são idênticas às de ontem? Por que esse quadro clínico se tornou tão freqüente, ele que aparecia de forma pouco expressiva, como um apêndice dentro de um repertório de queixas, até o início dos anos 1970? Diante dessas indagações, nada melhor do que revisitar o texto freudiano *Luto e melancolia*, que, escrito na primeira metade do século XX, mantém seu vigor e atualidade, não tendo ficado anacrônico. Muito pelo contrário: tornou-se um clássico, referência obrigatória para todos os que se interessam pelo tema.

Ao nomear seu artigo, Freud nos introduz ao território das sombras — a perda e a dor que a acompanha. O luto é o afeto que emerge quando perdemos alguém muito amado ou algo que nos é precioso. A partir do luto, somos conduzidos ao estudo da melancolia. Para compreendermos esse quadro clínico, Freud traça paralelo com um afeto universal: todos nós, em algum momento da vida, estivemos enlutados. Seguindo essa via, poderemos construir elementos para conhecer e analisar uma condição particular, a condição melancólica. E é isso que Freud nos propõe, ao partir do luto como um modelo, para, por analogia, penetrar na melancolia, muito mais complexa e enigmática.

O termo melancolia (*melancholia*) está vinculado à idéia de *bile negra* (*melas*, negro, *chole*, bile), que, em excesso, seria responsável pela tristeza. A expressão melancolia apareceu pela primeira vez na Grécia, no século IV a.C.,* coincidindo com as definições iniciais do homem enunciadas por pensadores gregos. De acordo com a concepção segundo a qual a natureza compreenderia quatro estações, e a matéria, quatro qualidades fundamentais (o calor, o frio, o seco e o úmido), o homem deveria ser constituído por quatro elementos. Assim, no início do século IV a.C., Hipócrates formulou a teoria dos humores, que seriam igualmente quatro: o sangue, a linfa, a bile negra e a bile amarela. As condições de saúde ou de doença estariam, de acordo com a teoria humoral, relacionadas ao equilíbrio ou ao desequilíbrio dessas substâncias no organismo. Designando, inicialmente, apenas uma substância que faria parte do corpo, a melancolia passou depois, por associação, a nomear a condição doentia associada ao excesso de bile negra, cuja manifestação mais nítida era a tristeza. Na história do pensamento, o termo melancolia revelou extraordinária longevidade e, mais do

---

* Hélène Prigent. *Mélancolie. Les métamorphoses de la depresión*, p. 14.

que isso, resistiu à desvinculação de suas raízes, atravessando a época clássica e o Renascimento. O deslocamento para o termo depressão se deu apenas na primeira metade do século XIX e ampliou-se extraordinariamente durante o século XX e o início do século XXI. Depressão (*depremere*), de origem latina, sugere a idéia de pressão para baixo, achatamento, queda. O termo não é exclusivo da medicina ou da psiquiatria. Segundo Serge André (1995), teria se originado na economia de mercado, que, como sabemos, é oscilante, alternando ciclos de euforia e depressão. Segundo esse autor, o termo depressão teria passado do campo da economia para a nomenclatura psiquiátrica, ganhando, a partir daí, o acesso à linguagem comum.

À diferença da psicanálise, que utiliza como referência as estruturas clínicas neurose, psicose e perversão e na qual o termo melancolia, escolhido por Freud, ainda é largamente utilizado, a psiquiatria trabalha com um sistema contínuo de classificação, o Manual Diagnóstico e Estatístico de Transtornos Mentais, até esta data em sua quarta edição (DSM-IV). Esse texto situa as modalidades depressivas no capítulo dos transtornos do humor, apontando diversas discriminações, entre as quais os transtornos bipolares em suas subdivisões. Na linguagem do dia-a-dia é bastante freqüente uma pessoa se dizer depressiva ou mesmo apresentar-se como bipolar.

Freud faz uso do termo depressão e da expressão estados depressivos ao longo de sua obra e classifica a melancolia como o mais grave entre eles. Podemos pensá-la como uma condição extrema do sujeito. Para ler *Luto e melancolia* deve-se ter em mente que o quadro melancólico descrito por Freud pode ser designado hoje como uma forma de psicose, embora Freud a tenha inserido entre as neuroses narcísicas. Há, além disso, uma abordagem inédita de um quadro tão grave, o fato de seu *passaporte* se dar pela via de um afeto normal: o luto. Rompendo com o paradigma racionalista dominante na época, segundo o qual haveria uma linha divisória entre certo e errado, normal e patológico, doente e são, Freud aproxima as duas condições e mostra que eventuais diferenças não anulam a possibilidade de compreensão e de abordagem de um estado por analogia a outro.

Ao formular o mecanismo psíquico inerente ao luto e descrever a condição melancólica, Freud foi tão abrangente quanto minucioso, e dificilmente poderemos encontrar outra publicação que o supere. Além disso, tanto o luto quanto a melancolia pouco ou nada mudaram do momento em que foram sistematizados por Freud até os dias atuais.

As depressões, no entanto, em seus matizes e contornos, sobretudo as de inspiração neurótica, sofreram uma mudança significativa, tanto na forma de manifestação quanto no sentido quantitativo. Tornaram-se muito freqüentes, intensamente presentes em nosso cotidiano, e há previsões no sentido de que seu aumento em proporções geométricas aponte para uma verdadeira epidemia depressiva nos próximos anos.

A clínica psicanalítica, ou ainda o consultório de psicanálise, é um espaço privilegiado de análise de nossa cultura e das mudanças que nela ocorrem, as quais têm se dado de maneira muito rápida, vertiginosa e com grande repercussão subjetiva. Entre as depressões de ontem e de hoje — se fizermos um recorte do período em que Freud publicou o *Mal-estar na cultura*, em 1930, até os nossos dias, pouco mais de setenta anos — observamos modificações tão acentuadas nos costumes que nos parece legítimo deter o olhar em direção a essas transformações, na tentativa de analisar, por meio delas, fatores envolvidos nessa incomum explosão.

Nas páginas que se seguem vamos mergulhar na leitura do texto freudiano *Luto e melancolia*, não apenas construindo elementos de reflexão em relação à teoria psicanalítica de maneira geral, mas também obtendo, no percurso conceitual, ferramentas imprescindíveis à abordagem da questão da melancolia e de outras formas de depressão que tanto nos instigam.

Nos capítulos finais do trabalho, após detalharmos a leitura de *Luto e melancolia*, levantaremos algumas hipóteses que possam justificar o crescimento das depressões, analisando, também, possíveis *vestes* contemporâneas, formas atuais de expressão dessa modalidade sintomática.

TEXTO E CONTEXTO

Viena, 1915

Sabemos, por meio do biógrafo Ernest Jones (1970), que no período que antecedeu o sexagésimo aniversário Freud se preparou para redigir um amplo trabalho, uma síntese de suas idéias e concepções que ficasse como legado para o mundo. O termo que ele próprio elaborou foi metapsicologia: uma ampla descrição de processos mentais, definidos a partir de três condições — características topográficas, atributos dinâmicos e alcance econômico. Com isso se referia à disposição estrutural, à função dos diferentes sistemas e ainda ao funcionamento energético-libidinal. Considerava, assim, metapsicológica uma definição que tivesse como referência esse tripé.

Em março de 1915 iniciou a redação dos ensaios, produzidos no tempo recorde de seis semanas, tendo como pano de fundo a Primeira Guerra Mundial, período em que sua clínica sofreu acentuado esvaziamento, com parte dos pacientes partindo para os campos de batalha. A idéia inicial era reunir 12 artigos sob o título *Preliminares a uma metapsicologia*. Três deles, *Pulsões e destinos da pulsão*, *O recalque* e *O inconsciente*, foram publicados ainda em 1915 e outros dois, *Complemento metapsicológico à teoria dos sonhos* e *Luto e melancolia*, em 1917.

De acordo com Jones, os cinco ensaios que compõem a metapsicologia estão entre os mais originais e importantes de toda a obra de Freud e expressam as principais elaborações sobre a teoria psicanalítica até aquela data. Os dois outros ensaios dessa série jamais foram publicados, e consta que teriam sido rasgados, ainda em manuscrito, pelo próprio Freud. Um deles, o artigo *Visão geral das neuroses de transferência*, foi recuperado mais tarde e publicado setenta anos após sua redação. Esse grupo de trabalhos passou a ser denominado *Artigos sobre metapsicologia*, e a eles foi acrescentado o texto *Introdução ao narcisismo*, de 1914. Compondo o conjunto de artigos, *Luto e melancolia* ilustra o particular interesse de Freud sobre o tema que já o levara, no início de sua produção, a tentar explicar o fenômeno melancólico em termos neurológicos. O resultado não foi considerado satisfatório, e, mais tarde, ele retomou a temática, abordando-a, então, em sua dimensão metapsicológica. Entre 1914 e 1915, submeteu os primeiros escritos à crítica do psicanalista Karl Abraham, que lhe enviou extensos comentários e a importante contribuição que aponta a origem primitiva desse distúrbio e associa a melancolia à fase oral do desenvolvimento humano.

O fator decisivo que permitiu a reabertura do tema foi a elaboração do conceito de narcisismo, um marco na construção teórica freudiana e, ainda, da noção de ideal do eu — ou melhor, de uma das etapas anteriores à apresentação do conceito de supereu. Embora não nomeado, o supereu, chamado nesse texto de "instância crítica", tem sua atuação analisada, em particular, no caso da paranóia. No artigo de 1914, Freud havia atribuído ao então ideal do eu as funções de consciência moral e agente da censura. Ao estudar a melancolia, podemos vislumbrá-lo de forma mais ampla, observando a divisão do eu e seu fragmento implacável, o supereu, responsável não só pela observação e pela crítica de si — a consciência moral — como também pela crítica impiedosa contra o próprio eu. Ouvindo o paciente melancólico, a incidência desse aspecto fica imediatamente nítida. Em seu discurso aparece um julgamento por vezes feroz contra si mesmo, contra o que sente e contra a vida, o que caracteriza a atuação opressora da instância superegóica.

É importante destacar que *Introdução ao narcisismo* e *Luto e melancolia* são textos produzidos ao final de uma etapa de construção teórica. Lançam questões que os transcendem, ou seja, para respondê-las Freud precisou refazer seu percurso e construir pontes de sustentação à altura dos novos questionamentos. Ao formular o conceito de narcisismo, Freud (1914) enfatiza a idéia de que o eu, uma unidade comparável ao eu, não existe desde o começo. O corpo do bebê é um corpo fragmentado, atravessado por pulsões auto-eróticas que produzem uma satisfação local. Para Freud (1914), "algo precisa acrescentar-se ao auto-erotismo, uma nova ação psíquica, para que o narcisismo se constitua" (p. 74). Essa nova ação psíquica é o eu, primeiro esboço de unificação (*Einheit*), uma experiência inicial, ainda que precária, do corpo. É a emergência do eu que fornece condições e contorno ao narcisismo. Mas, com o surgimento do narcisismo, o eu passa a ser investido libidinalmente.

Ao admitir que o próprio eu pode, por assim dizer, ser depositário do investimento libidinal e propor, portanto, uma libido do eu simultânea à libido do objeto, Freud enfrenta uma contradição com a formulação anterior, que estabelecia a existência de pulsões sexuais e pulsões não-sexuais ou pulsões do eu — dois grupos distintos de pulsões. Se o eu, investido pela libido, tem condições de transferir-se aos objetos do mundo, apresentando-se, ele também, como um objeto do ponto de vista do investimento libidinal — como sugere a interpretação do mito de Narciso —, como conciliar duas propostas tão antagônicas? Ambas, na verdade, seriam a única e mesma pulsão sexual, quer depositadas no eu, quer transferidas aos objetos?

Tal concepção, que estréia em 1914, traz conseqüências à própria teoria psicanalítica. O eu investido sexualmente apresenta um verdadeiro impasse à primeira teoria pulsional postulada por Freud. O dualismo tão reafirmado dissolve-se e aproxima-se perigosamente do monismo proposto por Jung que ele próprio criticava. E Freud percebe isso ao ponderar a idéia de admitir uma única energia, sexual e não-sexual das pulsões egóicas como uma maneira de resolver a questão. Mas, fiel às concepções dualistas, recua, postergando a resolução do problema, à espera de pesquisas futuras. O impasse não tem condições de ser resolvido nesse artigo, e só em 1920, com a publicação de *Além do princípio do prazer*, vem à luz a segunda teoria pulsional que unifica as antigas pulsões sexuais e de autoconservação sob a nomenclatura de pulsões de vida.

Luto e melancolia, por sua vez, depara-se com a ainda incipiente definição de uma instância crítica — o supereu — cuja impiedosa atuação é perceptível clinicamente, mas cuja moldura teórica ainda não se faz presente para justificá-la. Para dimensionar os efeitos da pulsão de morte no supereu, que, em alguns quadros, chega a impulsionar o eu em direção à morte, Freud terá dois grandes degraus a ser construídos: a nova versão da teoria pulsional apresentada em 1920 e a segunda tópica proposta em 1923. Com base nessas duas contribuições, será possível retificar a definição de supereu, articulando-o ao isso: não só à crítica impiedosa de si como o impulso ao cumprimento cego e a qualquer preço, de um dever suposto.

Em *Luto e melancolia*, assim, vamos contextualizar o pensamento freudiano num momento que antecede importantes reformulações, mas que, ao mesmo tempo, se tornou mais amplo e fecundo após os desdobramentos do conceito de narcisismo e de ideal do eu. A instância crítica então descrita pode ser apreciada em seus efeitos clínicos no exame dos quadros melancólicos e na situação-limite do suicídio. Além disso, Freud prossegue com o desenvolvimento do conceito de identificação, explicando, nesse artigo, o processo por meio do qual um investimento objetal, ou seja, um movimento de apego a alguém ou a algo é substituído, na melancolia, por um tipo especial de identificação, a identificação com o objeto perdido.

Luto e melancolia, o artigo

> Tu és nuvem, és mar, esquecimento
> És também o que perdeste em um momento
> Somos todos os que partiram...
>
> Jorge Luis Borges

Do ponto de vista da clínica psicanalítica, tanto o termo depressão quanto a expressão estados depressivos, hoje tão presentes em nosso cotidiano, têm sido pouco utilizados. O vocábulo melancolia, escolhido por Freud, foi mais bem aceito e é tradicionalmente empregado. Ao iniciar o artigo, Freud (1917) faz uma advertência esclarecendo que a definição da melancolia é oscilante mesmo na psiquiatria descritiva. Estaria, a nosso ver, referindo-se a Kraepelin (1899), cujo manual de psiquiatria apresenta, em sua sexta edição, a descrição das entidades clínicas, entre as quais a loucura maníaco-depressiva (*Manische-depressive Irrsinn*): um conjunto de manifestações cujos períodos terminavam numa volta ao normal e fariam parte de um mesmo processo.* Observa, além disso, que sua pesquisa e as considerações que a ela se seguiram tiveram como foco um número relativamente pequeno de casos nos quais o fator psicogênico se destacou pela nitidez.

Feita a ressalva, caracteriza a melancolia como um estado profundamente doloroso que traz, como principal conseqüência, a suspensão do interesse pelo mundo externo. Com isso, instala-se um quadro de inibição de toda e qualquer atividade, que interfere, inclusive, na capacidade de amar. Há, além desse desligamento da realidade externa, um rebaixamento no *sentimento de si*, que se expressa em auto-recriminações e auto-insultos, podendo chegar a uma expectativa delirante de punição.

O interesse de Freud pela melancolia data dos primórdios de seu percurso. Encontramos no *Rascunho G*, de janeiro de 1895, as primeiras interrogações sobre o tema, a busca de analogias com outros quadros clínicos, como, por exemplo, a neurastenia. Freud destaca a apatia, o desinteresse, a anestesia sexual, o empobrecimento da excitação, que associa, à época, a uma hemorragia interna, como se a excitação escoasse através de um furo: na melancolia, o buraco seria na esfera psíquica, daí o cansaço, a fraqueza, a perda

* J. Leme Lopes, A psiquiatria na época de Freud: evolução do conceito de psicose em psiquiatria.

de vitalidade e o desinteresse pela vida. Ainda nesse texto aparecem as associações iniciais da melancolia com o luto, ou seja, com o desejo de recuperar algo que foi perdido, bem como a analogia à anorexia nervosa pela via da perda de apetite. Existiria, na melancolia, um luto pela perda de libido.

Retomando a questão vinte anos depois, dispõe, no artigo de 1917, além do processo de luto mais bem elucidado, da recente pesquisa sobre o narcisismo. Freud busca aprofundar o conhecimento da dinâmica da melancolia, ampliando a comparação com o luto, considerado um afeto normal. Mas, se toma emprestado alguns aspectos do luto, por meio dessa analogia percebe também suas diferenças. E há diferenças significativas. Freud destaca, em ambos, a dor, a dor referida a uma perda que, no caso do luto, é clara, mas, no caso do melancólico, não é evidente: "ele sabe quem perdeu, mas não o que perdeu nesse alguém" (1917, p. 243). Além da perda de uma pessoa querida, Freud se refere a outras possibilidades, "uma abstração que esteja no lugar dela como pátria, liberdade, ideal etc." (p. 243). A melancolia estaria referida, então, a uma perda de objeto que foi retirada da consciência. Não há clareza diante daquilo que se foi com o objeto perdido, mas, sem dúvida, a perda desconhecida ou não identificada resultará num trabalho interno de alguma forma semelhante ao luto. E é esse trabalho que ocupará o eu, deixando-o indisponível a investimentos externos. Invisível aos olhos dos que o cercam, o melancólico está completamente absorvido nele. É como se o mundo interno tomasse tal dimensão que eventuais demandas ou estímulos do exterior lhe fossem pouco significativos, quando não irritantes, tal a falta de disponibilidade para eles. Ao mesmo tempo, sente-se apartado, isolado das outras pessoas.

Freud observa a extraordinária diminuição do *sentimento de si*, como se o melancólico estivesse destituído de auto-estima, e percebe, também, algo que falta no luto: um enorme empobrecimento do eu. No luto, o mundo se torna pobre e vazio; na melancolia, o próprio eu do sujeito sofre esse processo de empobrecimento, esvaziamento e aridez. Analisando o movimento de auto-recriminação freqüente nos quadros melancólicos, Freud constata que esses pacientes se mostram desprovidos de vergonha e apresentam, ao contrário, uma satisfação no desmascaramento de si próprios, no *auto-envilecimento*. Destituído de valor e convencido de suas implicações negativas, mostra-se, por vezes, culpado até pela consideração com que é tratado pelos familiares, e aguarda uma punição compatível com esse implacável olhar que dirige a si. A expectativa delirante de punição acompanha o quadro.

Freud comenta que intervenções no sentido de tentar abrandar o discurso do paciente, justificar algumas de suas acusações ou defendê-lo perante si mesmo se mostram inúteis, quando não antiterapêuticas. E tece considerações sobre a acentuada autocrítica que cerca o comportamento melancólico, como se todo o véu de condescendência consigo mesmo, tão humano, caísse por terra, e, nesse peculiar estado, o sujeito pudesse chegar a um profundo conhecimento próprio. Questiona, inclusive, por que um homem precisa adoecer para se aproximar de uma verdade dessa espécie: um hiper-realismo sem concessões. Parece mesmo, Freud (1917) observa, "que ele capta a verdade com mais clareza que outros, não melancólicos" (p. 244). E, nesse movimento, chega por vezes a extremos, definindo-se como insignificante, egoísta e dissimulado — alguém que fez por onde ocultar sua verdadeira natureza aos demais. Nesse momento do texto, Freud recorre a Shakespeare, citando Hamlet: "dê a cada homem o que merece e quem escapará do açoite?"*

O quadro clínico que acompanha essa condição de insignificância costuma trazer consigo insônia, rejeição ou mesmo repulsa à alimentação e, conseqüentemente, extrema prostração.

Pode-se perguntar como um estado narcísico tão evidente pode coexistir com uma auto-estima tão diminuída. Uma possibilidade de elucidação vem da expressão alemã utilizada repetidas vezes por Freud, *Selbst*, que pode ser traduzida por auto, ou seja, voltado a si. A referência do sujeito melancólico seria então uma auto-referência, um autocentramento, tanto na censura e crítica de si — nas quais, como vimos, é implacável — quanto no mecanismo de engrandecimento ou mesmo no delírio de grandeza, que podem surgir no estado maníaco. Em ambas as condições, reduzido ao mínimo ou elevado ao máximo, o sujeito está no centro da avaliação.

Quando esse artigo foi escrito, Freud não havia elaborado a segunda tópica e não dispunha ainda da descrição do supereu como instância, mas observou o mecanismo de autotortura e esboçou a cisão do eu que daria origem a uma função que, no futuro, corresponderia ao supereu. O supereu, definido como instância crítica, põe em evidência que é do interior da subjetividade que o sujeito é julgado e condenado. Nas palavras de Freud (1917), "vemos que uma parte do eu se contrapõe à outra, julga-a criticamente, toma-a como seu objeto" (p. 245).

A expressão objeto, usada com bastante freqüência, não apresenta, nesse momento do texto freudiano, suficiente clareza. Temos uma primeira indicação do outro como objeto

---

* *Hamlet*, ato II, cena 2 (citado em Freud, 1917, p. 244).

de amor, ou seja, do outro que não nós mesmos. Temos também a possibilidade de examinar o termo na situação descrita anteriormente, na qual uma parte do eu se volta contra a outra, contrapõe-se à outra e toma-a como seu objeto, sugerindo um movimento de domínio de uma parte sobre a outra, e ainda a concepção do objeto como algo definitivamente perdido quando da constituição do sujeito — um dos fundamentos da construção teórica da psicanálise. É importante situarmos, sempre que possível, ao longo do texto, a que se refere Freud quando usa essa expressão.

A divisão entre eu e supereu e a tomada do eu como objeto do supereu irão explicar, segundo Freud, o *estado esmagado* do eu na melancolia. A idéia da tomada do eu como um objeto nos encaminha a outra questão que merece especial destaque: o estudo da identificação. Ouvindo o discurso do paciente melancólico, Freud observou como as manifestações de auto-reprovação poderiam estar, na verdade, dirigidas a um outro. Talvez por isso, o melancólico não tenha pudor em denegrir-se, em expor-se em sua miséria. Teria havido, nesse caso, um deslocamento das acusações e das recriminações desse outro ao eu do próprio sujeito. Mas como se daria esse processo?

Freud nos explica que a identificação é uma etapa preliminar da escolha objetal, que é uma primeira forma — expressa de maneira ambivalente — pela qual o eu escolhe um objeto. Já havia distinguido, em *Introdução ao narcisismo* (1914), dois tipos de escolha de objeto: o tipo anaclítico e o tipo narcisista. No tipo anaclítico, a criança escolhe o objeto sexual inspirada no modelo dos pais ou daqueles que dela cuidaram. No tipo narcisista essa referência está ligada a uma imagem ou a um ideal de si próprio.

O desejo de incorporar o objeto é compatível com a fase oral do desenvolvimento. Estamos, portanto, nos referindo a mecanismos de origem remota na constituição do psiquismo. Com o narcisismo, visto como forma de investimento libidinal no próprio eu, e o eu, por sua vez, sendo constituído numa relação com o outro, torna-se compreensível a idéia de que o narcisismo e a identificação narcísica sejam noções tão próximas que podem mesmo ser considerados modos idênticos de funcionamento libidinal. Em seu artigo sobre o tema, como já mencionamos, Freud (1914) expressa a concepção de que o eu, como unidade, não existe desde o início da vida. Ao recorrer ao mito grego de Narciso, que, deslumbrado, se fixou à própria imagem, paralisando-se, Freud deixa clara a idéia de que esse tipo de investimento amoroso — a paixão pela própria imagem — acompanhará o sujeito ao longo da vida. Nesse sentido, segundo Freud, "o narcisismo não seria uma perversão, mas um complemento necessário à pulsão de autoconservação, que pode ser atribuído a toda criatura viva" (1914, pp. 71-2). Propõe, assim, os elementos fundamentais para a concepção do narcisismo como estrutura permanente. O narcisismo pode ser pensado como estrutura, ou seja, como uma forma determinada de funcionamento psíquico que obedece a uma lei específica, a lei de fusão, de união, e que tem como referência a relação dual. Outra estrutura fundamental é a edípica, que se organiza em torno da lei da interdição. De acordo com essa lei, ao ser interditado, o sujeito pode virar-se em outra direção. Ao contrário de Narciso, uma estrutura paralisante, o Édipo promove o movimento do sujeito em direção ao seu desejo, abre-lhe essa possibilidade. Há uma anterioridade lógica de Narciso em relação a Édipo.*

A escolha objetal segundo o modelo narcísico é vulnerável e, como tal, se reveste de precariedade. Esse frágil investimento, ao se defrontar com os obstáculos da vida, pode, facilmente, retroceder à etapa do narcisismo propriamente dito, que lhe é anterior. A identificação narcísica com o objeto torna-se, assim, um substituto do investimento erótico. Em outras palavras, o sujeito ama a si mesmo no outro, embora não tenha consciência disso. Isso acarreta uma extrema dependência desse outro. A substituição da identificação pelo amor objetal é um importante requisito em vários tipos de perturbações narcísicas e uma das precondições que presidem o desencadeamento de um quadro melancólico. Outra forte condição seria a perda do objeto como fator desencadeante. Em seu texto *Uma neurose demoníaca do século XVII* (1923), Freud faz essa referência, observando que "não é incomum, para um homem, adquirir uma depressão melancólica e uma inibição em seu trabalho em decorrência da morte do pai" (p. 105).

Freud está procurando elementos para analisar o *enigma da melancolia*. A perda de um objeto amoroso constitui-se uma experiência ímpar para o exame da ambivalência, pois, em cada relação, amor e ódio estão entrelaçados. Existe, em conseqüência disso, uma fantasia de perda do parceiro ou parceira, e essa fantasia é responsável por um grau maior ou menor de culpa. No caso do neurótico obsessivo, por exemplo, o conflito produzido pela ambivalência confere ao luto um cunho patológico. O obsessivo pode culpar-se pela perda

---

* E.B. Barros, *Eu Narciso — Outro Édipo*, p. 17.

porque, em algum nível, a desejou. O luto assim se reveste de um fator de complexidade, um elemento complicador, o chamado luto patológico. Mas o luto patológico, mesmo extremo e complicado, difere enormemente da condição melancólica. Por mais difícil que seja, o sujeito está lidando com algo que, na realidade, perdeu. No caso da melancolia, sempre tendo como referência a divisão do eu, Freud observa que o mecanismo de identificação narcisista faz desencadear o ódio contra si mesmo e, paralelamente, uma satisfação secundária com o próprio sofrimento. Dito de outra maneira, tanto na neurose obsessiva quanto na melancolia, a *instância crítica*, depois nomeada supereu, reveste-se de particular crueldade, esmagando o eu sob a pressão da culpa e encontrando, nesse movimento, algum tipo de satisfação. O automartírio implica algo da ordem do gozo, aqui entendido como uma parcela de satisfação, ainda que paradoxal, no sofrimento.

Mas na melancolia, como já referimos, uma parte do eu se contrapõe à outra, toma-a como objeto, julga-a, confere uma sentença e desenvolve a convicção de que é merecedora de alguma espécie de castigo. A identificação melancólica ou narcisista, uma forma regredida de identificação, implica condições em que o eu é modificado, devorado pelo objeto, restando empobrecido. Como conseqüência ocorre, então, segundo Freud (1917), "uma identificação do eu com o objeto perdido" (p. 246).

Na mesma linha de pensamento, Freud enfatiza, na divisão do eu, uma *clivagem dolorosa*, a inserção do sadismo e, com base nesse mecanismo, propõe uma explicação para o suicídio melancólico que detalharemos adiante. O eu só pode se condenar à morte se puder tratar a si mesmo como um objeto, um objeto a quem seria dirigido forte contingente de ódio e hostilidade. O melancólico é sustentado pela paixão do ódio.

A hostilidade dirigida ao objeto trouxe uma possibilidade de compreensão dos poderosos mecanismos envolvidos no suicídio como ato-limite. Tal hostilidade se volta ao próprio eu do sujeito numa espécie de confusão entre ele e o objeto. Como resultado dessa ação sádica, temos o ato suicida, a destruição do eu pela identificação inconsciente com o objeto. O eu trata a si mesmo como trataria o objeto do seu amor ambivalente. Freud conclui esse pensamento definindo três mecanismos encontrados na melancolia: a regressão da libido em direção ao eu, a perda do objeto e a ambivalência. Detalhes da identificação narcisista e o estudo mais elaborado da ação superegóica, desenvolvidos adiante, fornecem, paulatinamente, elementos para a compreensão desse quadro extremo. A observação clínica de Freud caminhava à frente, impulsionando a pesquisa teórica, apresentando questões, exigindo uma formulação mais ampla que pudesse dar conta das inúmeras interrogações e desafios gerados pelo contato com os pacientes. O ato suicida é um deles.

O eu seria a grande reserva narcísica, um vasto campo de forças bem expresso no medo mobilizado diante de uma ameaça à vida. Como, então, compreender uma situação ou contexto no qual o eu consente em sua própria destruição? Freud chegará à formulação de que, na regressão narcisista, o objeto se revela mais poderoso que o próprio eu. Em situações opostas, na paixão intensa e na situação de suicídio, o eu é dominado, subjugado, pelo objeto, embora de maneiras totalmente distintas. No caso do suicídio, de ampla complexidade, Freud irá formular a idéia de que o sadismo dirigido ao objeto se volta contra o eu, que, sob a ação do supereu, tenta direcioná-lo à auto-extinção. Os estudos sobre essa questão prosseguem em textos posteriores, *O eu e o isso* (1923) e *O problema econômico do masoquismo* (1924). A questão da ação do objeto, tão nítida na melancolia, inspirou Freud numa poética expressão que ganhou notoriedade e é sempre citada nos muitos trabalhos sobre o tema: "a sombra do objeto caiu sobre o eu" (1917, p. 246) — o que ilustra, por sua vez, o ponto de articulação entre a melancolia e o narcisismo. Diferentemente do luto, a libido investida no objeto perdido retorna ao eu e lá estabelece a identificação do eu com o objeto perdido.

Se analisarmos pelo ângulo da perda, poderíamos dizer que, na melancolia, a perda não apresenta condições de ser simbolizada ou, melhor, o melancólico não consegue simbolizá-la, o que permitiria algum tipo de cicatrização. Permanece, na expressão de Freud (1917, *op. cit.*), "como uma ferida aberta, atraindo para si toda a energia de investimento, esvaziando o eu até o empobrecimento total" (p. 250). Ao produzir uma dor constante que não cicatriza, essa *ferida aberta* não deixa o eu disponível. Ocorre, em conseqüência dela, a inibição da atividade, a abolição do desejo que presenciamos nesses quadros, o que impossibilita o investimento no amor e nas coisas do mundo. Um mecanismo compreensível se considerarmos que o eu se converte na própria perda. Essa perda estrutural configura-se no eu do melancólico, de forma que ele próprio será aquilo que foi perdido, identificado a ele, sem valor, *nadificado*. Daí as idéias de ruína, empobrecimento, desvalorização, abandono. Em sua própria avaliação, o melancólico não vale coisa alguma.

Freud, em seu texto, cita o exemplo da noiva abandonada. O noivo deixou de existir ou foi perdido como objeto de amor. Mas a noiva, no caso uma noiva melancólica, ficará identificada à perda, algo do seu eu ficará para sempre perdido, precipitando a morte do desejo. À diferença do luto, a perda, na condição melancólica, não é exterior ao sujeito. Ela se presentifica no coração do eu. Ocorre assim a particular dificuldade na cicatrização, estando o melancólico identificado a ela. Segundo Freud, diferentemente do luto, no qual não há dúvida sobre o que foi perdido, a melancolia pode ser associada a uma perda de objeto que foi retirada da consciência, daí sua aparência enigmática. Só com a noção de identificação narcisista — uma das grandes contribuições do texto de 1917 — Freud nos fornece a chave para a compreensão da melancolia: parte do eu identificada ao objeto perdido se torna a própria perda em si, com todas as conseqüências que isso pode trazer ao funcionamento psíquico do sujeito.

A melancolia nos coloca ainda diante de outra questão. Pode desaparecer depois de determinado período sem deixar expressivos vestígios, e retornar. Ou ainda — em sua mais notável característica — transformar-se em mania. Na mania, surge um comportamento paradoxal em face do anterior. O sujeito que, antes, se isolava, queixava-se, recusava a alimentação e não demonstrava nenhum interesse diante do mundo, *ressurge das cinzas* exibindo uma extraordinária mudança de humor. No entanto, tal comportamento, muitas vezes percebido pelo próprio sujeito como significativo de uma cura, está longe de sê-lo. E isso não apenas por ser passageiro, mas por ser tão extremo e radical quanto o anterior. Nesse período, o sujeito, antes recolhido, se volta ao mundo, mostra-se sequioso de obter objetos, gasta em demasia, pensa e fala com rapidez, dorme pouco e exibe um estado de ânimo eufórico.

Freud ressalta que o conteúdo da mania só na aparência difere da melancolia. As duas manifestações são interligadas e dependentes das mesmas condições de economia interna, submetida à melancolia. Nesse ponto, ele parece bastante apoiado na psiquiatria da época, uma vez que Kraepelin (1899), cerca de 15 anos antes, havia publicado a descrição da loucura maníaco-depressiva, levantando a hipótese de que depressão e mania teriam como base o mesmo mecanismo.

Durante o episódio maníaco o sujeito pode experimentar um súbito alívio, um desprendimento em relação ao objeto que o monopolizava, e fazer um contra-investimento maciço no mundo. Mas a mania não corresponde a um trabalho de luto no qual o desligamento se faz de forma paulatina. Ao sair do luto, o sujeito não entra em estado maníaco. Na mania, o sujeito opera uma liberação radical, um corte em relação ao objeto que até então provocava sofrimento, seguido de uma condição de voracidade em relação ao mundo. Freud, no entanto, deixa clara a idéia já mencionada de que a mania não constitui um quadro isolado, estando submetida às mesmas condições de economia libidinal da melancolia.

Essa oscilação de humor, contudo, não acontece em todos os casos de melancolia. Há casos em que os episódios melancólicos seguem seu curso com recaídas periódicas, entre as quais os sinais de mania são muito leves, quase imperceptíveis ou mesmo ausentes. E pode-se apresentar, entre uma fase e outra, o chamado intervalo lúcido, durante o qual as manifestações anteriormente descritas desaparecem, não deixando sinais característicos.

A menção de Freud à mania como contraponto à melancolia fornece, a nosso ver, respaldo à idéia de situar a melancolia no campo das psicoses. No entanto, segundo a classificação freudiana, como mencionamos, a melancolia com ou sem o contraponto da mania foi considerada uma neurose narcísica. No texto *Neurose e psicose* (1924), Freud define as psiconeuroses narcísicas (*Narzisstische Psycho-neurosen*) como resultantes de um conflito entre o eu e o supereu, enquanto as demais neuroses, as chamadas psiconeuroses de transferência, corresponderiam a um conflito entre o eu e o isso. Nossa preferência em classificar a melancolia como uma forma de psicose, ou, melhor dizendo, referida à estrutura psicótica, se deve ao estudo continuado da obra freudiana. *Luto e melancolia*, escrito em 1915, antecedeu o amadurecimento do percurso de Freud, que se consolidou a partir de 1920 e prosseguiu até 1938-9, quando ele faleceu. Hoje não podemos relê-lo sem recorrer aos textos subseqüentes, que fornecem uma visão panorâmica da obra. A leitura do artigo de 1917 mostra-se muito enriquecida com as contribuições posteriores, que permitem uma abordagem interpretativa mais abrangente e, de certa forma, complementar à deixada por Freud à época.

Em *O eu e o isso*, Freud (1923) irá referir-se às inibições que encontramos nos quadros depressivos e vai nomear a melancolia como o mais grave deles. Isso nos permite distingui-la de outros tipos de depressão. Tal recorte, por sua vez, nos possibilitará fazer um estudo comparativo entre as depressões de ontem e de hoje, valorizando a idéia de que depressão não é, necessariamente, sinônimo de melancolia.

Destacadas dos quadros melancólicos, podemos analisar melhor as depressões, pesquisando o que pode haver de característico em sua relação com o nosso tempo. Partimos do pressuposto de que essas depressões estão referidas à estrutura neurótica. E pretendemos analisar também se o modelo do luto proposto por Freud seria o único modelo ou se teríamos outras possibilidades.

Voltando ao texto *Luto e melancolia*, relembremos a definição de luto enunciada por Freud, segundo a qual o luto é a reação à perda de uma pessoa amada ou de uma abstração que esteja no lugar dela. Essa reação é, habitualmente, superada com o tempo, prescindindo de intervenção externa. O luto é, portanto, um trabalho de elaboração que pode ser bem ou malsucedido. Um luto bem elaborado culmina com o resgate da libido: a volta à disponibilidade para amar e investir no mundo.

O processo que Freud descreve refere-se ao período subseqüente à perda e ao trabalho de desprendimento inerente a ela. A perda de um objeto amado é acompanhada de um estado de desinteresse em relação ao mundo. Todo o cardápio de ofertas, viagens, novas possibilidades de encontro, oportunidades, tudo se reveste de sombras para o sujeito em processo de luto, que se ocupa apenas das referências ao objeto perdido, único motivo de seu interesse. E Freud nos explica que a inibição do eu e a restrição de seu campo de atividades são compreensíveis pelo fato de o eu estar ocupado com o trabalho de luto.

Um trabalho de luto bem-sucedido começa com a chamada *prova de realidade*, com a constatação de que houve a perda. É através dela que nos conscientizamos de que o objeto amado já não existe e, conseqüentemente, toda a libido deverá ser retirada de suas ligações com esse objeto. Para iniciar o trabalho de luto, o sujeito precisa situar-se como faltoso. É a partir daí que a elaboração da perda poderá ter início. Isso parece óbvio, mas nem sempre o luto se faz imediata e tranqüilamente.

A perda de objetos muito amados lança o sujeito na condição de sofrimento. Mas, por outro lado, o homem reluta e chega mesmo a se opor à idéia de afastar-se de um objeto amado que perdeu. Isso quer dizer que a elaboração do luto dá trabalho, implica um gasto energético significativo, consome tempo, e, durante esse tempo, a existência do objeto perdido é prolongada no psiquismo. O desligamento se dá paulatinamente. Freud observa que "uma a uma das lembranças e expectativas pelas quais a libido se ligava ao objeto são focalizadas e superinvestidas e nelas se realiza o desligamento da libido" (p. 243). Podemos facilmente observar, na prática, tal afirmativa. Basta visitarmos alguém que acaba de perder um ente querido. Invariavelmente percebemos que a conversa gira em torno do tema da morte, das circunstâncias em que ocorreu, das últimas palavras do falecido. E isso não ocorre apenas em caso de perda por morte. Ao ouvir uma jovem que foi deixada por um namorado ou demitida de um emprego que julgasse importante, observamos igual relutância em voltar-se para outro assunto. Isso se deve ao prolongamento, no psiquismo, do pensamento voltado ao que foi perdido.

Freud situou o luto, a condição de perda de alguém ou de algo muito importante para o eu, como um modelo — o modelo do trabalho psíquico diante da elaboração de uma perda. Podemos perder de várias maneiras: a morte — perda absoluta, a separação, a desistência, o desaparecimento, o exílio. Além disso, as perdas não se referem apenas a pessoas.

Podemos perder determinadas posições sociais e profissionais, bens, patrimônio. Perder faz parte da vida, mas a maneira como cada um reage às perdas difere enormemente.

As diferentes modalidades de reação podem precipitar vários tipos de perturbações psíquicas. Se alguns sujeitos aceitam a perda e, depois de algum tempo de luto, superam a dor e seguem suas vidas, outros sucumbem, incapazes de elaborá-la. Há os que a elaboram parcialmente, e existem ainda os sujeitos que, apesar de elaborar com sucesso várias perdas, ao longo da vida, esbarram diante de uma condição maior, uma perda mais difícil de ser superada. Podemos dizer que em todo processo de luto o sujeito está, de uma maneira ou de outra, confrontado com a castração, diante de um limite, de uma impossibilidade diante da qual não pode ir adiante.

No caso da morte, a condição de perda de um ente próximo traz, além da dor, um apontamento à finitude, à origem transitória do sujeito e à inevitabilidade de viver, sozinho, um momento semelhante. A morte, inexorável, impõe ao narcisismo um golpe significativo, e esse confronto implica uma tomada de posição e uma reorganização interna. Há, por outro lado, perdas que, por suas próprias características — mortes súbitas, acidentes, mortes violentas ou precoces —, têm profundo efeito traumático, o que pode tornar o trabalho de luto mais longo e difícil. Nesses casos, é importante que o sujeito seja assistido em seu luto para que, mesmo com dificuldade, possa manter o trabalho de elaboração.

Temos visto, no mundo atual, uma extraordinária eclosão de manifestações violentas que provocam mutilações, mortes precoces, perdas em massa, grandes tragédias. O efeito devastador dessas calamidades põe em evidência a noção de trauma*, noção que nos reconduz aos primórdios da psicanálise e que hoje ressurge para dar conta de uma série de distúrbios desencadeados diante de um cotidiano que não oferece nenhum nível de proteção ou estabilidade.

A temática do trauma foi abordada inicialmente por Freud (1895) em sua faceta de abuso sexual para tentar dar conta das manifestações histéricas com as quais se defrontava em sua clínica. Esse momento pertence à pré-história da psicanálise e, à época, valendo-se do método catártico, Freud e Breuer tentavam induzir, nos pacientes, um mecanismo de ab-reação, isto é, a possibilidade de reviver o que foi sofrido na situação traumática em outro contexto, ou seja, em condições de ser elaborado. Num segundo momento, porém, a importância do trauma foi relativizada. Freud percebeu a força da fantasia, desconstruindo a idéia de uma sedução real como agente da doença. A fantasia, a criação imaginária de uma cena de sedução, substituiu a teoria do trauma como fator etiológico privilegiado na sintomatologia neurótica. A noção de trauma declina, perde envergadura no pensamento freudiano. No entanto, com os primeiros reflexos, na Europa, da Primeira Guerra Mundial, essa teoria é retomada, e Freud, chamado a opinar sobre o problema de saúde mental que se impunha, volta a debruçar-se sobre a questão. Em sua revisão teórica (1920), faz uma releitura de antigas formulações e, embora considere semelhanças entre a neurose traumática e a histeria, percebe que, pelo sofrimento que impõe ao sujeito, esse quadro clínico se aproxima mais da melancolia. A fixação no trauma, a dificuldade

* E. Mendlowicz. Trauma e depressão, p. 56.

em elaborá-lo e a repetição sistemática de seu conteúdo em sonhos conduzem Freud a postular algo além do princípio do prazer como determinante do funcionamento psíquico: a compulsão à repetição (1920, *op. cit.*).

Hoje, com o aumento da violência urbana e com o advento, em larga escala, de manifestações ligadas ao terrorismo, voltamos a nos defrontar com tragédias em processo de ampliação constante. Essa constatação levanta questões sobre os limites suportáveis pelo sujeito e, ainda, sobre se os processos de luto, diante de perdas tão devastadoras, podem de fato ser concluídos e elaborados, permitindo que sujeitos duramente atingidos possam libertar-se, dando prosseguimento às suas vidas.

Mas, mesmo sem entrar na questão de lutos provocados por tais circunstâncias, o processo de elaboração do luto não é simples nem rápido, e a experiência clínica mostra que obstáculos podem dificultá-lo, e, numa hipótese extrema, pode ocorrer um fracasso no processo de elaboração. Freud nos alerta para situações de perda que podem desembocar num quadro melancólico. Se o sujeito, por uma razão ou outra, não consegue elaborar a perda, realizar o trabalho de luto, e desenvolve, a partir dela, um quadro melancólico, supõe-se que aquele objeto teria uma função de suporte, fornecendo um ancoramento sem o qual ficaria à deriva. A melancolia, de acordo com a proposta que estamos desenvolvendo, seria uma modalidade extrema de depressão. Descrita por Freud em 1915 (1917), início, portanto, do século XX, ou mesmo anteriormente esboçada no *Rascunho G*, aparece, nos dias de hoje, com características idênticas ou muito semelhantes. Podemos dizer que um melancólico do início do século XX está extremamente próximo de um melancólico do início do século XXI se nos preocuparmos com a análise estrita dos mecanismos psíquicos envolvidos no quadro clínico. A descrição de Freud se mostra, nesse sentido, insuperável, pela minúcia com que observa e descreve o funcionamento melancólico.

Existem, no entanto, outras modalidades que surgem no contexto da estrutura neurótica. E essas, sim, poderiam ter relação com efeitos da cultura, seriam permeáveis à ação de elementos do nosso tempo.

O modelo do luto, proposto por Freud como modelo analógico para analisarmos a melancolia, seria o único caminho para estudar o psiquismo do deprimido ou haveria outra possibilidade? Existiria um fator ou fatores que permitiriam novas abordagens? O modelo de depressão que estamos discutindo não implica necessariamente uma perda em torno da qual um trabalho de elaboração possa ser desenvolvido ou não. Estamos pesquisando, além dessa modalidade, uma outra possibilidade, segundo a qual o sujeito mantém a fantasia de que existiria, em algum lugar, uma completude à qual ele não teria acesso. Existiria assim, para esse sujeito, um saber total, uma beleza irretocável, um conhecimento pleno, *uma grande festa* para a qual ele não foi convidado ou da qual ele próprio se exclui. Desenvolvemos nossa pesquisa em torno desse modelo — o *modelo da exclusão* —, acreditando ser esse o tipo de depressão que, diretamente ligado à cultura do consumo, se encontra hoje em expansão.

Para isso será necessário abordarmos, à luz do pensamento de alguns autores, sociólogos e pensadores políticos, características do nosso tempo, buscando entender, a partir dessas contribuições, possíveis repercussões na subjetividade, e, nessa medida, trabalharmos na interseção entre a psicanálise e as ciências sociais.

Entretanto, antes de desenvolvermos aspectos mais detalhados sobre os demais estados depressivos, vamos prosseguir o aprofundamento das condições próprias à melancolia com comentários sobre algumas contribuições a ela pertinentes. A constante revisão conceitual realizada por Freud e a elaboração de novas concepções permitiram a elucidação dos enigmas que a clínica, a cada momento, apresentava. Assim, para completar a leitura de *Luto e melancolia*, faz-se necessária uma consulta a textos posteriores, que permitem ampliar a reflexão, aprofundando as condições do psiquismo melancólico. Depois de ter escrito e publicado *Luto e melancolia*, ao completar 60 anos, Freud terá mais de vinte anos de trabalho intenso, tanto clínico quanto teórico. E, justamente nos anos de maturidade, elabora conceitos, constrói ferramentas fundamentais para responder às indagações deixadas pelo texto de 1917. Entre os conceitos de maior fertilidade estão o supereu — redefinido após muitos anos de estudo —, a segunda tópica, a segunda teoria pulsional, a pulsão de morte e a revisão do masoquismo. Esse conjunto de conceitos conduz o leitor a um mergulho aprofundado nos enigmas da condição melancólica.

Supereu, pulsão de morte e masoquismo

A partir dos anos 1920, a virada conceitual operada por Freud abre novas perspectivas para a compreensão das depressões, tanto em sua versão neurótica quanto em seu caso extremo, a melancolia.

No texto *O eu e o isso* (1923), depois de longo percurso, Freud nomeia e define o supereu como instância psíquica, ou seja, confere-lhe um lugar articulado ao eu e ao isso, integrando-o ao funcionamento psíquico, aperfeiçoando a definição de suas funções e vinculando-o, em seguida, à pulsão de morte, conceito recém-chegado à construção teórica da psicanálise. É a culminância de um processo, a integração de hipóteses esboçadas, em suas linhas iniciais, desde os primórdios do texto freudiano. Dez anos antes, em *Totem e tabu* (1913), Freud apresenta uma sugestiva abertura às possibilidades de discussão da instância superegóica em sua articulação ao laço social e à cultura. Delineado como *impulso* ou *moção maligna*, o supereu aparece vinculado ao pai em seus diferentes registros. Aproxima ainda o sistema de proibições internas praticadas na neurose obsessiva do sistema totêmico no qual restrições, proibições morais e religiosas regem o grupo social. Observa, em ambos, o aspecto imotivado e a origem enigmática. Conclui que não é necessária nenhuma ameaça externa diante da presença de uma convicção moral de que qualquer violação levaria a uma desgraça insuportável (1913, *op. cit.*). O supereu, ainda sem nome, aparece então esboçado através de algo de origem desconhecida e misteriosa, mas que se apresenta como uma convicção e traz consigo uma ameaça de castigo. Essas proibições, na definição freudiana, se dirigem contra a liberdade de movimentos, restringem o prazer e a comunicação visando à abstinência e à renúncia.

No ano seguinte, mais um passo é dado com a publicação de *Introdução ao narcisismo* (1914), no qual a futura instância superegóica é definida como "uma instância psíquica particular cuja função seria zelar pelo asseguramento da satisfação narcísica proveniente do ideal do eu e, com esse propósito, observar de maneira contínua o eu atual, comparando-o com o ideal" (p. 75). Freud atribui então, ao ideal do eu, as funções de consciência moral e agente da censura, funções que serão reafirmadas no artigo de 1921, *Psicologia das massas e análise do eu*. Nesse texto, Freud fará o detalhamento da instância crítica, herdeira do narcisismo original (eu ideal), reconhecendo nela as funções de auto-observação e consciência moral, censura dos sonhos e recalque. Para ele, o ideal do eu assimila a influência do meio ambiente, as exigências que este impunha ao eu, das quais o eu nem sempre estaria à altura. Mas, para dar conta da instância crítica propriamente dita, em seu aspecto cruel que denigre o eu perante si mesmo, precisou voltar a debruçar-se sobre a melancolia.

Antes disso, no entanto, mais uma importante contribuição merece registro. Em 1915, em *A desilusão da guerra*, Freud observa que os homens realizam atos de crueldade e de barbárie surpreendentes e, de alguma maneira, articula esses atos à vertente hostil do futuro supereu. A instância ideal de *Introdução ao narcisismo* (1914, *op. cit.*), que poderia perturbar o vínculo transferencial, dificultando ou inviabilizando o processo analítico, tem sua dimensão ampliada em *A desilusão da guerra*: em escala bem maior pode produzir uma ruptura no próprio laço social. A pesquisa ganha, contudo, novo fôlego a partir da segunda teoria pulsional, postulada em 1920.

As pulsões de vida — *Eros* — e a pulsão de morte resultaram da reformulação realizada por Freud com vistas à reafirmação de suas concepções dualistas e permitiram, além disso, uma melhor formulação, abrindo caminho ao desenvolvimento teórico. As pulsões de vida, ruidosas e perceptíveis, apresentam-se misturadas à força *tanática* da pulsão de morte, invisível e silenciosa. Em proporções diferentes, Freud nos exemplifica esse enlaçamento pulsional por meio de algumas condições, como o sadismo, a agressividade e o próprio erotismo. No texto de 1923, descreve formalmente seus destinos: uma parte dessas pulsões, mesclada aos componentes eróticos, se torna inócua; outra parcela é desviada ao exterior sob a forma de agressividade, e, por fim, outra parte desenvolve seu trabalho internamente. O último contingente se dirige ao supereu, que, segundo Freud, se tornou "uma pura cultura da pulsão de morte" (p. 54).

A pulsão de morte é particularmente importante no estudo da melancolia e dos demais quadros depressivos, e Freud vai distinguir o campo de *Eros*, que atua reunindo indivíduos em conjuntos cada vez mais abrangentes — em consonância, portanto, com a cultura, e a pulsão de morte, potência irruptiva, destrutiva, ou ainda, em outra concepção, criativa por excelência. Essa pulsão faria o trabalho oposto a *Eros*, buscando dissolver unidades estabelecidas e conduzi-las de volta ao estado inorgânico. Nas últimas linhas do *Mal-estar na cultura* (1930), ele parece visualizar o confronto de pulsões de vida e pulsão de morte, essa luta de gigantes, no destino do homem: "hoje os seres humanos levaram a tal ponto seu domínio sobre as forças da natureza que, com seu auxílio, estão aptos a exterminar uns aos outros, até o último homem" (1930, p. 140).

Nas palavras de Freud, um homem que se deparava com os horrores da Primeira Guerra Mundial, lemos uma reavaliação da potência da pulsão de morte quando analisada em seus efeitos na cultura. Mas gostaríamos de retornar às considerações contidas em *O eu e o isso*, uma vez que podem elucidar questões cruciais da clínica: a ação da pulsão de morte no supereu, que pode fomentar uma série de efeitos destrutivos, inclusive o suicídio.

O efeito da pulsão de morte no supereu — *o supereu como cultura pura da pulsão de morte* — é estudado por Freud por meio de casos clínicos, especialmente aqueles nos quais essa instância se apresenta com particular severidade: a neurose obsessiva e a melancolia. A partir do estudo da melancolia podemos vislumbrar a divisão do eu e seu fragmento implacável e cruel, o supereu. Aqui, já se podem perceber sutis diferenças entre o ideal do eu e o supereu, embora possamos dizer que tiveram a mesma origem. Caberia ao ideal do eu a observação crítica e muitas vezes benevolente de si, a possibilidade de medir a distância do eu ao seu ideal, bem como a produção de um nível de satisfação narcísica daí decorrente. Ao supereu caberia a consciência moral, a censura e, além disso, a crítica impiedosa da distância entre o eu atual e seu ideal. O supereu seria herdeiro do Édipo, podendo ser compreendido como uma versão autoritária, impiedosa e esmagadora do pai. No texto de 1921, Freud deixa claro que mecanismos de idealização do pai como líder podem gerar deslocamentos da autoridade ou da liderança até a crueldade. Do ponto de vista do filho, o mecanismo de idealização pode levar a extremos de submissão. Esses elementos vieram a constituir a matéria-prima do supereu, que, em sua vertente cruel, oprime o sujeito, podendo atuar além dele, incidindo sobre o laço social e a cultura. Nesse momento, observando detalhadamente casos de neurose obsessiva e melancolia, Freud se interroga sobre a extraordinária rigidez e a extrema severidade na relação supereu-eu. Na melancolia, o supereu excessivamente forte conseguiu um ponto de apoio na consciência e dirige sua ira contra o eu com violência impiedosa. A referência ao sadismo ilustra essa violência.

Na melancolia encontramos o campo privilegiado para pensar a severidade superegóica através das idéias de culpa, ruína, inutilidade e pequenez e mesmo de perseguição, uma vez que o melancólico, não raro, como mencionamos, se coloca diante de uma expectativa delirante de punição. Nesse contexto, o sujeito, com a auto-estima profundamente atingida, se denigre perante o outro. O sentimento de culpa, uma legítima manifestação superegóica, mantém-se inerte no psiquismo, resultando, nas palavras de Freud, em "um suplício interminável" (1923, p. 49). Essa expressão, hoje revista, pelo caráter de insistência e inércia, nos situa diante de uma condição de gozo. É interessante comentar aqui a proximidade que Freud atingiu em relação ao conceito de gozo, desenvolvido, anos mais tarde, amplamente por Lacan. Freud já havia observado diversas formas de ganho com a doença, responsabilizando tais mecanismos pelos obstáculos ao tratamento psicanalítico. Agora (1923), atribui o ganho com a doença ao chamado fator moral: "um sentimento de culpa está encontrando satisfação na doença e se recusa a abandonar a punição do sofrimento" (p. 50).

Na experiência freudiana, quando o sentimento de culpa se expressa como resistência à cura — o que não raro ocorre em casos graves de melancolia —, torna-se muito difícil combatê-lo e levar adiante, com bons resultados, o tratamento analítico.

Em 1924, ao rever *O problema econômico do masoquismo* (1924), Freud irá situar o masoquismo — ação de castigar a si próprio — como originário. Além disso, analisará questões relativas ao sofrimento e ao castigo pela ação esmagadora do supereu sobre o eu, reforçando a analogia com o sadismo e o masoquismo: um supereu sádico se contrapondo a um eu masoquista.

Examinando o masoquismo moral, retorna à questão do sentimento de culpa inconsciente, questão não desenvolvida de maneira satisfatória, reformulando-a. Nesse momento (1924), faz equivaler o sentimento de culpa inconsciente à necessidade de punição. Em tal contexto, o sujeito pode boicotar-se, prejudicar a si mesmo, precipitar-se ao fracasso e, numa situação extrema, destruir a própria vida. Ao afirmar que a autodestruição implica necessariamente uma satisfação libidinal e, portanto, que a dor e o sofrimento contêm uma parcela, ainda que obscura, de prazer, Freud volta a avizinhar-se da noção de gozo.

Se a dor e o desprazer que anteriormente funcionavam como sinais de advertência passam, com a reformulação do masoquismo, a constituir-se como metas em si, o princípio do prazer mostra-se impotente no sentido de regular o psiquismo humano, que demonstra, a partir de então, sua dependência em relação à compulsão à repetição. Para resumir essa importante formulação freudiana, poderíamos dizer que, em 1920, ao perceber a insuficiência do princípio do prazer no sentido de dar conta de algumas complexas manifestações psíquicas, Freud postulou um novo princípio: a compulsão à repetição. Com base nessas reformulações conceituais é possível dimensionar, em plenitude, o supereu, cuja construção se beneficia das novas concepções do masoquismo primário, pulsão de morte, isso e além do princípio do prazer.

Nos últimos capítulos de *O mal-estar na cultura* (1930), Freud retoma algumas hipóteses lançadas em *Moral sexual civilizada e doença nervosa moderna* (1908), ampliando-as: um alto preço deve ser pago pelo sujeito para se dizer civilizado. E a moeda mais cara traduz-se, na própria subjetividade, em termos de submissão, masoquismo e culpa. Para Freud, o avanço da cultura é correlato à intensificação do sentimento de culpa. Em maior ou menor grau, toda neurose (e não apenas a neurose obsessiva) implica uma cota maior ou menor de sentimento de culpa que, por sua vez, irá fortalecer os sintomas, levando o sujeito a fazer uso dela como punição.

Nossa cultura tem, como base e condição, o recalcamento pulsional. Cada sujeito cede um fragmento de seu patrimônio, abrindo mão de viver em plenitude as inclinações agressivas e hostis. Desse investimento nascerá o patrimônio cultural comum de bens materiais e ideais. A cultura faz assim, ao sujeito, uma *promessa* de proteção contra o inesperado e o catastrófico que advêm da natureza, e se oferece para regular o laço social. Em troca da *promessa* de segurança e do *remédio* contra o desamparo e a solidão, cobra um pesado tributo em termos de renúncia à satisfação pulsional.

A *promessa* de proteção acaba por não se consumar, e o *remédio* se converte, nas palavras de Freud (1930), em fonte de sofrimento. A renúncia pulsional impõe ao sujeito toda a sorte de mazelas, resultando numa pesada cota de insatisfação, hostilidade e angústia. A recuperação se dá por meio do sintoma neurótico que corresponde à parcela de *gozo* perdida. Nesse sentido, a neurose seria uma das formas de inserção do sujeito na cultura. Não há saídas completamente satisfatórias diante do paradoxo revelado por Freud (1930, *op. cit.*) de que o sujeito, quanto mais cede, mais culpado e exigente se torna consigo mesmo, ou seja, quanto mais dócil e virtuoso, mais inclemente se converte seu supereu.

O supereu sucede e substitui a autoridade externa, potencializando-a e, a cada renúncia, aumenta sua severidade e intolerância contra o eu. Nessa medida, podemos dizer, com Freud, que o supereu representa um traço da cultura impresso na subjetividade.

É no texto de 1930 que Freud, em plena maturidade teórica, consolida a teoria do supereu. O ponto de partida para isso é a pulsão de morte e as modificações que sucederam sua entrada em cena dez anos antes.

Uma série de interrogações se acumulavam. Freud hesitava em admitir uma completa autonomia da pulsão de morte — a desfusão pulsional. Embora tal postulado fosse uma necessidade teórica, trazia uma série de implicações de ordem ética. A leitura de *O mal-estar na cultura* (*op. cit.*) permite, no entanto, a interpretação de que, despojando-se das últimas resistências, Freud acaba por reconhecer que "a existência de uma pulsão agressiva que podemos observar em nós mesmos e pressupor nos demais é o fator que perturba nossos vínculos com o próximo e que impele a cultura a um elevado dispêndio de energia" (1930, p. 109).

Nesse momento, alinha-se ao lado de Hobbes (Gay, 1989) para situar no homem forças que, mesmo operando silenciosamente como a pulsão de morte, vêm à luz como agressividade, destrutividade, crueldade — *Homo homini lupus* (1930, p. 108).

Em conseqüência dessa hostilidade primária e recíproca, a cultura se encontra sob permanente ameaça de destruição. O empenho construtivo em prol de um trabalho comum se revelou insuficiente no sentido de mantê-la coesa, e o movimento pulsional se mostrou mais forte que os mecanismos de freio criados para detê-lo. Diante disso, a cultura se vale de outros recursos para domar, para tentar tornar inofensiva, a hostilidade que lhe é dirigida. Nas palavras de Freud (1930, *op. cit.*), "a cultura consegue dominar o perigoso desejo de agressão do indivíduo, enfraquecendo-o, desarmando-o, estabelecendo em seu interior uma instância, como uma guarnição militar numa cidade conquistada" (p. 120). Destacamos a idéia proposta por Freud de interiorização da agressão, condição de formação superegóica, instância que irá se opor ao eu, submetendo-o. A agressão é interiorizada por imposição da cultura. O controle interior se converte numa instância que divide o sujeito, dominando-o, enfraquecendo-o.

A cultura não pode oferecer ao sujeito nenhuma garantia de felicidade, assegura-nos Freud. Velada sob uma *promessa* de proteção contra o poder esmagador da natureza e a possibilidade de regulamentação do laço social pela via da lei, a cultura fracassa diante da questão da destrutividade com a qual nos confronta o supereu.

A proposta ética da cultura de união — *Eros* — contra a hostilidade resulta num mandado remoto, impossível de ser cumprido. Há um limite para a imposição da lei acima do qual a exigência, potencializada, acaba por produzir o retorno pulsional daquilo que pretendia sufocar.

Além do princípio do prazer, no campo da pulsão de morte, encontramos os *confins* do sujeito: práticas de crueldade, extremos do masoquismo, violência contra si mesmo e contra o outro, incidências da pulsão de morte que Freud vinculou ao supereu e cujas manifestações encontramos no dia-a-dia da clínica. Nos exemplos que se seguem, desenvolveremos uma articulação de conceitos teóricos com observações clínicas num caso de melancolia e na experiência extrema do suicídio.

Um caso clínico: Isadora

> ... era muito, muito perigoso viver, por um só dia que fosse
>
> VIRGINIA WOOLF

Com seu nome inspirado em Isadora Duncan, manifestou, desde cedo, interesses artísticos: passos de balé, música e pintura. Gostava de ler, escrever, era muito sensível; sugestionava-se, impressionava-se com histórias. Frágil, adoecia com freqüência. Na família, foi a mais protegida entre os filhos, tornou-se uma moça voluntariosa, casou-se e teve uma filha. Mostrava-se desconfiada socialmente, arredia ao contato, evitando, sempre que possível, aproximações e, sobretudo, intimidade. Não queria laços e, menos ainda, obrigações decorrentes deles. Avessa a trabalhos domésticos, interessava-se em ficar consigo mesma, com suas tintas e pincéis ou entretida com o que escrevia.

A filha — confessava — era um peso. Com a demanda incessante da menina, sentia-se invadida, tendo que sair de sua privacidade para atendê-la. A insistência da chamada — *mamãe* — provocava uma série de sentimentos, do desgaste à irritabilidade. Respondia com impaciência ou não respondia, mas sentia-se culpada nas duas posições.

Com pouco mais de 35 anos, diante de uma perspectiva de separação conjugal que acabou por não se confirmar, descontrolou-se, começou a falar "coisas sem sentido", chegando a gritar e a agredir fisicamente o médico que a atendia. Muito agressiva, foi internada numa clínica psiquiátrica e, por cerca de um mês, submeteu-se a um tratamento. Voltou para casa medicada e com o diagnóstico de psicose maníaco-depressiva. Inicialmente surpresa com o diagnóstico, a família começou a observar uma alternância de fases depressivas e hipomaníacas, durante as quais Isadora se dizia *curada*.

Os pais vieram morar em sua companhia. Ligou-se mais ainda à mãe. Era como se ela e a filha, agora adolescente, fossem irmãs. A mãe ocupava-se dos trabalhos domésticos, levava seu chá à noite, acompanhava a filha ao dentista.

Depois de algum tempo, Isadora optou por deixar o tratamento psiquiátrico, abandonou os remédios e fez, num curto espaço de tempo, uma experiência com a psicanálise. Insatisfeita, desistiu mais uma vez, e com isso restringiu ainda mais a vida. Junto à família, no entanto, tinha voz. Considerada inteligente e culta pelos familiares, opinava, inclusive de forma doutrinária, sobre os assuntos do cotidiano. O marido exercia a função de protetor, conselheiro da filha e provedor. Tinha casos amorosos, mas Isadora reconhecia que, com o passar do tempo, houve uma diminuição acentuada em sua libido, e submetia-se à vida sexual de forma desinteressada. Achava o marido insistente e esquivava-se sempre que possível. Por outro lado, os casos amorosos dele a irritavam e ofendiam. Mas precisava dele, do dinheiro e da proteção. *Sem ele*, dizia, *o que vai ser de mim?*

Isadora procurava incutir na filha o que achava melhor para uma mulher: ter uma profissão, produzir, ter seu próprio dinheiro e aquilo que ele pode proporcionar — liberdade, independência. E por que não ela? *Sou uma mulher doente, incapacitada*, reagia. *Para mim não é possível!* Isadora selava seu destino condenando-se à reclusão e ampliando a dependência. Evitava qualquer compromisso fixo. Saía para olhar vitrines, ver exposições, um ou outro espetáculo de balé.

Um dia marcou consulta com uma cartomante. Foi às escondidas, como gostava, sem falar com ninguém. Em suas fantasias, via-se livre, com um envolvimento romântico. Mas o resultado da consulta a deixou preocupada. A cartomante teria dito que ficaria viúva, com problemas financeiros. Isadora nunca mais esqueceu o que ouviu e, pior, deu a esse discurso a consistência de verdade.

Passou a viver na expectativa da morte do marido, ansiosa e aflita. Rapidamente se instalou um novo quadro depressivo. Pouco deixava a casa e, em particular, o quarto. Abandonou o material de pintura, passava horas deitada. Mostrava-se inapetente e, em pouco tempo, perdeu peso. À noite, insônia. Imaginava o pior e o pior a cada instante, vendo, em supostos sinais, evidências de uma morte anunciada. O mundo exterior, em sua variedade de estímulos, foi paulatinamente substituído pelas crenças interiores, às quais dava o estatuto de certeza. Não havia solução diante do futuro sombrio. Ficaria só, carente, sem recursos. Outras mulheres talvez pudessem superar o luto (suposto) e voltar a viver. Não ela, incapaz, dependente, inútil. Mas, se não houve morte, por que vivê-la antecipadamente? A que luto se referia Isadora se o marido continuava vivo e gozando de boa saúde? *Mas de que adianta, se pode morrer a qualquer instante?* Já não era apenas devido às palavras *proféticas* da cartomante e sim a uma *sensação* de que esse seria o seu destino. Uma vez viúva, a morte a levaria também, senão por doença, por autocondenação: pensava diariamente em atirar-se da janela. Passou a viver para morrer. Definitivamente fechou a caixa de pintura, desfez-se das telas e pincéis. *Estou além do sofrimento e da tristeza. Cheguei à aridez total.*

Analisando a descrição freudiana de melancolia, a inibição do eu, o desinteresse em relação ao mundo exterior, a perda do *sentimento de si*, a incapacidade para qualquer realização, a percepção de derrota diante dos obstáculos da vida, não hesitaríamos em situar o caso de Isadora como exemplar de melancolia. Ela teve acesso a oportunidades terapêuticas, mas recusou-as uma a uma. Fechou-se na certeza de que não havia solução. Facilmente podemos perceber que as convicções de Isadora eram infundadas, invadidas pela subjetividade, sugerindo a condição definida por Freud de que, nesse quadro clínico, as reações vão além de uma perda por morte. A perda foi antecipada, criada por Isadora, vivida num processo delirante de ideação. Como tal, mostrava-se refratário à argumentação.

Freud menciona em seu texto o medo de empobrecer, ficar sem meios de subsistência, apequenar-se, regredir. Caso ficasse viúva, o que acabou por não acontecer, Isadora não ficaria sem recursos. O marido trabalhou para deixar-lhe uma boa pensão e um seguro de vida, que lhe mostrava, ocasionalmente, na tentativa de trazer-lhe um pouco de realidade.

A idéia delirante foi ganhando espaço como *ferida aberta*, tornando-se um pensamento único, nuclear, em torno do qual foram agregados medos, convicções, expectativas, havendo, com isso, uma expressiva perda de realidade. Isadora fechava-se em seu mundo, calada, pensando de modo sistemático na mesma coisa e, quando falava, revelava-se monotemática. Os familiares percebiam o estado depressivo e ao mesmo tempo angustiado, a expectativa ansiosa, a espera do marido à janela, a apreensão diante do toque do telefone. De início procuraram consolá-la, depois convencê-la e, por fim, tentaram encaminhá-la sucessivamente a diversos tratamentos. Mas Isadora, convencida da própria verdade para a qual não havia saída, recusava. Parecia, em sua argumentação, dar corpo às palavras de Freud (1923) quando se refere a pacientes que se opõem ao próprio restabelecimento e adotam, em relação aos profissionais que os atendem, uma postura de desafio: "a necessidade em relação à doença levou a melhor sobre o desejo de restabelecimento" (1923, p. 50). Analisando os fatores que podem alimentar essa atitude extrema, Freud admite que o sentimento de culpa, quando se expressa como resistência à cura, se torna efetivamente um obstáculo extremamente difícil de ser superado.

O mundo exterior, o contexto político efervescente à época, as novidades na área das artes que antes a interessavam, tudo foi deixado de lado por Isadora, que vivia com intensidade apenas seu drama interior.

Podemos perceber também, no caso de Isadora, um movimento de regressão, de infantilização, ao se pôr aos cuidados da mãe como uma criança. E, ainda, profunda onipotência ao não aceitar outra idéia que não a sua, convocando toda a família a viver conforme seu imaginário, impondo sua prepotência ao desistir de todo tratamento. Essas características seriam representativas, a nosso ver, de um narcisismo exacerbado, compatível com o quadro de psicose.

A forma de o melancólico olhar a própria vida é peculiar. No movimento de perdas e ganhos inerente ao contínuo desenrolar dos acontecimentos, é como se as perdas tivessem uma pontuação maior. Os ganhos trazem uma alegria fugaz enquanto as perdas mobilizam um alimento a mais à tristeza que os habita. Dependendo do nosso olhar, sempre haverá razões para sofrer. É como se o véu que protege o sujeito do confronto com a realidade fosse fluido demais, tênue ou inexistente diante da dureza, da rigidez e da inflexibilidade com que o melancólico vê a vida. Freud (1917), em sua descrição, observa "que [esses pacientes] por vezes têm razão e dispõem de uma visão mais penetrante da verdade do que outras pessoas que não são melancólicas" (p. 244). Uma vida, portanto, *sem anestesia*, sem alternativa que não a lamentação — no caso de Isadora, levando-a, apesar da dependência, a excluir o outro, a refugiar-se no monólogo interior e a fixar-se na certeza de que, para ela, o destino estava traçado. O caso de Isadora nos parece um exemplo radical da condição melancólica no qual a certeza subjacente ao discurso impediu qualquer possibilidade de releitura de suas condições de vida. A convicção inabalável configurada na idéia de destino — circunstâncias predeterminadas que traçariam os caminhos humanos — acabou por condená-la à forma extrema desse luto que não termina. Sua história com a psicanálise foi curta, e o laço transferencial, insuficiente para dar conta de um trabalho que exigiria um mergulho profundo o bastante para permitir algum grau de retificação subjetiva, um processo de elaboração que pudesse *abrir brechas* na condição narcísica.

Ao examinar a questão do negativismo melancólico, Marie Claude Lambotte (1997) observa:

> colocado neste lugar de verdade, com a defasagem, no entanto, que aí introduz o significante *nada* e que faz com que o melancólico se mantenha na borda do buraco do real sem ocupá-lo, o sujeito permanece inteiramente habitado pela potência do destino, que, mais

que num olhar ou que numa palavra, se manifesta no sentimento de certeza que prende o sujeito nesta condição de *menos que nada* (1997, p. 528).

Em torno do núcleo delirante distanciado da realidade externa, Isadora construiu uma maneira de viver na qual a impotência diante de um destino ameaçador e insuportável pautou sua existência. Restou-lhe esse lugar de *menos que nada*, oprimida por algo com o qual não pode lidar e ao mesmo tempo situada, como observa Lambotte, no lugar da verdade.

O suicídio melancólico: um abraço com a morte

Morte, minha senhora Dona Morte
Tão bom deve ser o teu abraço
Lânguido e doce como um doce laço
E como uma raiz, sereno e forte

Florbela Espanca

Em fevereiro de 1942, quatro dias depois do carnaval, o escritor austríaco Stefan Zweig suicidou-se junto à mulher, em Petrópolis, na residência que escolheu para viver seu exílio. Aos 60 anos, vindo ao Brasil para recomeçar a vida, Stefan Zweig vivia um momento de desilusão, como se pode depreender da biografia *Morte no paraíso*, de Alberto Dines (2004). Segundo o relato, no último aniversário Zweig recebera pelo correio, da primeira mulher, Friderike, os livros de Montaigne que havia solicitado. Estava envolvido com os escritos do autor francês, com suas idéias diante da morte — a morte voluntária —, a ponto de afirmar: "*Montaigne c'est moi*" (p. 408). Junto à mulher, Lotte, passa os dias na pequena residência entre poucas visitas, partidas de xadrez, registros esparsos num caderno de notas, cartas à ex-mulher. Para Zweig, o mundo estava desabando. Num desabafo a Jules Romain, escreve: "minha crise interior consiste em não poder identificar o eu do passaporte com o do escritor desprovido de seu público" (p. 423). Havia muitos lutos a elaborar, o da pátria tomada pelo nazismo, o da ex-mulher e interlocutora e mesmo o do idioma natal associado à linguagem de Hitler. Aos 60 anos recém-completados, sentia-se envelhecido e sem forças para recomeçar a vida, e, no último poema, já transparecia a idéia de morte inspirada em Montaigne:

> O olhar despede mas chama
> No instante de despedida
> E é na renúncia que se ama
> Mais intensamente a vida (pp. 428-9).

A condição melancólica expressa por Zweig tinha uma série de agravantes precipitados por circunstâncias externas altamente desfavoráveis. Ele próprio dizia que, mesmo sem ter perdido um parente, se sentia de luto pela Europa e pela humanidade. No entanto, segundo Dines, dez anos antes, ao fazer 50 anos, no auge da fama e da segurança, dissera, ao brinde: "sinto que já tive tudo na vida, a única direção que o futuro me aponta é para baixo" (p. 430). Na mesma ocasião, escreveu a um amigo: "coleciono o vazio... o que mais me assusta é ficar doente, amargar, envelhecer" (p. 430). Aos 60, em Petrópolis, escreve: "tudo o que faço é sem energia — só trabalho para não ficar melancólico ou louco... minha desgraça, nesses tempos, é minha antiga força: prever com nitidez. O que era antes meu mérito, hoje é meu lazer: ter uma visão clara, não mentir para mim mesmo" (p. 454). Na semana que antecede o carnaval, escreve à viúva do poeta alemão Max Herrmann-Niesse, recém-falecido:

> a senhora não pode imaginar como estamos isolados neste pequeno lugar em meio às montanhas. Não me tornei misantropo, mas não consigo suportar convívios numerosos e conversas ligeiras — não podemos acompanhar, despreocupados, divertimentos sem uma sensação de vergonha ao saber o que está acontecendo na Europa. (p. 459)

No comentário de Dines, Zweig está nesse momento atrapalhado, tolhido, preso a uma dívida:

> a gratidão aos que lhe ofereceram guarida impede que o cultor da liberdade espiritual sinta-se efetivamente livre para dizer o que pensa, ao menos para dar a entender que se enganou, o endereço do paraíso é outro. A maldição de se comportar condignamente, não sair dos limites, não quebrar regras, é a verdadeira causa do fígado negro. (p. 459)

Na opinião de Dines, por falta de agressividade, Zweig joga-se fora do mundo. Para o autor, a idéia do pacto de morte partiu de Zweig. Em um contexto totalmente diferente (1921), já havia feito, por duas vezes, proposta semelhante à primeira mulher, Friderike. Em ambas, obteve dela uma recusa.

Mas em Petrópolis, só com Lotte, tão ou mais frágil do que ele, deixa-se ficar acuado diante das notícias da guerra. Dois navios brasileiros foram subseqüentemente torpedeados por submarinos nazistas; sente a guerra aproximar-se... Escreve a Leopold Stern: "cheguei ao fim. Agora, a menor gota poderá fazer transbordar a taça" (p. 474). O ato suicida foi meticulosamente planejado, testamento, cartas de despedida, visitas aos amigos. "Em toda parte sou estrangeiro e, na melhor das hipóteses, hóspede" (p. 481). Na declaração que deixou sobre a mesinha-de-cabeceira do leito de morte, escreveu: "Deixo um adeus afetuoso a todos os meus amigos. Desejo que eles possam ver, ainda, a aurora que virá depois desta longa noite. Eu, impaciente demais, vou antes disso" (p. 486). Ao fundo, as palavras de Montaigne que possivelmente inspiraram Zweig: "Quanto mais voluntária a morte, mais bela. A vida depende da vontade de outros, a morte, da nossa" (p. 488). Despedindo-se de Friderike, conta que, no período que precedeu o fim, sua depressão agravou-se. E resume: "assim, em boa hora e conduta ereta, achei melhor concluir uma vida..." (p. 415).

O gesto de acabar com a própria vida guarda sempre algo de insondável e de misterioso, deixando no ar muitas interrogações. Dines, em seu livro, procura seguir pistas e depoimentos, cartas de despedida, comentários de amigos, observações dos empregados. Faz uma ampla e minuciosa pesquisa, só lhe faltando descrever o momento em que, pensando ou falando, Zweig tomou a decisão. Por escrito, já o havia feito em prosa e verso. E, diante dessa evidência, Dines conclui: "uma vida — na realidade, a vida — é irreproduzível em todas as suas dimensões" (p. 555).

Concordamos com Dines. Impossível reproduzir a vida, esse universo de sonhos, crenças, expectativas, desejos, pensamentos íntimos, sem uma perigosa invasão de privacidade. Na nossa perspectiva de trabalho, trazemos esse exemplo apenas para refletir mais intensa e profundamente sobre o pensamento melancólico, assim designado pelo próprio Zweig, que em várias ocasiões se referiu ao seu *fígado negro*.

Os escritos de Zweig, contemporâneo e amigo de Freud, permitem a interpretação de que estaria diante de lutos sucessivos: a iminência da perda de amigos em massa, judeus, seus pares, pela escalada nazista da Segunda Grande Guerra. A dor, contudo, não se resumia ao âmbito pessoal. Era, possivelmente, a abstração à qual Freud se refere na definição de luto, algo que vai além de um laço parental ou amoroso, algo de maior amplitude, a língua, a nação, uma forma de exclusão que o atinge estando ou não presente e o alcança onde quer que esteja. Não sendo possível o trabalho de elaboração, dificultado até mesmo pelo ininterrupto inventário de perdas — sem data para a sua conclusão —, a queda na melancolia mostrou-se inevitável, e Zweig não obteve consolo nem mesmo na atividade da escrita, através da qual tentou exorcizar os fantasmas do próprio aniquilamento.

Do latim *sui* (si), *caedo* (eu mato), suicídio, em alemão (*Selbstmord*), pode ser traduzido como auto-assassinato. Uma forma de morte auto-infligida que, no caso de Zweig, teve, talvez, características de auto e heteroassassinato. Se em 1917, em *Luto e melancolia*, Freud lança uma ampla interrogação sobre os mecanismos psíquicos envolvidos no suicídio, tecendo algumas hipóteses, só com a elaboração da segunda teoria pulsional, e a redefinição do masoquismo dispõe de elementos mais consistentes para voltar ao tema em condições de elucidá-lo. Um desses elementos é a constatação de que o sujeito é originalmente masoquista. O núcleo masoquista, tão remoto na organização do psiquismo, desnuda-se no discurso melancólico. O sujeito se tortura com auto-acusações, apresenta-se como responsável pela infelicidade que o rodeia e verbaliza, muitas vezes, que está sobrando e que seu desaparecimento poderia resolver uma série de problemas no ambiente próximo. Não raro insinua a possibilidade de matar-se. Podemos perceber, com clareza, o processo *auto* tantas vezes repetido por Freud. No psiquismo melancólico, tudo se passa numa referência *ptolomaica*, do eu em torno de si mesmo, vítima e algoz em seu sofrimento ampliado. Nesse contexto, morrer, virar pó, *nadificar-se* é quase uma conseqüência. Obedece à lógica própria do melancólico que se vê como destituído de qualquer valor ou importância — *um resto*. A morte por defenestramento, o atirar-se pela janela, não é incomum.

Outro passo importante na elucidação do suicídio melancólico é dado com a elaboração da pulsão de morte, sobretudo em sua ação no supereu que se transforma, nas palavras de Freud (1923), em "cultura pura da pulsão de morte" (1923, p. 54), como já mencionamos.

A pulsão de morte, explica-nos Freud, manifesta-se habitualmente enlaçada a Eros, pulsão de vida. Elas comparecem juntas, inclusive no erotismo. É a pulsão de morte que responde pela combatividade e mesmo pela agressividade necessária ao domínio do outro no ato sexual. Nas guerras, na dominação, na vontade de poder, no sadismo, a presença maciça da pulsão de morte se faz com alguma articulação à pulsão de vida. É no masoquismo, presente nos quadros melancólicos e no ato-limite do suicídio, que podemos falar talvez numa autonomia pulsional — condição em que a pulsão de morte, desarticulada de *Eros*, irrompe, impondo a destruição do sujeito, ou seja, o que Freud (1923) chamou de desfusão pulsional. Nesse momento a palavra falta, recua, e o ato impõe-se de forma silenciosa, porém contundente. O ato dispensa a palavra, fala por si.

Zweig viveu três vidas, como expõe Dines (2004, *op. cit.*), deixando sistematicamente as grandes capitais européias para refugiar-se nas montanhas de Salzburgo e Bath e, já no Brasil, optando pelo refúgio em Petrópolis. Comenta esse autor:

> No último refúgio junto à Mata Atlântica, aquela sensibilidade converteu-se em insuportável dor-do-mundo. Magnificado pela incompreensão, o isolamento em Petrópolis tornou-se insuportável. Pela primeira vez, desvencilhou-se da incômoda delicadeza e permitiu-se a brutalidade — contra si mesmo. (2004, p. 17)

Na véspera do suicídio, já com as providências concluídas, confidenciou ao amigo Ernst Feder que estava tomado pela melancolia, com o fígado negro: "na verdade estava contaminado pela doença que os poetas chamavam de coração partido" (p. 17), conclui Dines.

A condição de exílio em nada difere daquela do luto. Convoca o sujeito à elaboração de suas raízes, à revisão e, por fim, ao desligamento doloroso das recordações, uma a uma.

Só com o retorno da libido ao eu e a conclusão do processo de desligamento, ou algo próximo a isso, seria possível uma integração à nova pátria. Numa outra hipótese, como menciona Dines, artistas e sobretudo escritores fazem um contra-investimento na terra natal. Como testemunho desse tipo de produção temos a literatura do exílio, que dá a prova cabal de como a criatividade mantém viva a terra de origem e os sentimentos a ela ligados na obra de arte. Esse destino não foi possível a Zweig, em crise com a terra natal, a língua e muitos compatriotas. O escritor que havia louvado a obra de Freud, dizendo que, com a psicanálise, "a palavra entrou na ciência" (p. 166), constata, em sua declaração, que "agora (...) o mundo da minha língua está perdido ..." (p. 550).

No entanto, há enormes contrastes. Em relação a Thomas Mann, por exemplo, único escritor da língua alemã que Zweig invejava, também exilado, oriundo da mesma região e pelos mesmos motivos, era frontalmente contrário à idéia do suicídio. Tanto que quando, anos mais tarde, o filho Klaus, que participara da resistência ao nazismo, também abreviou seus dias, ele nem sequer foi ao sepultamento. Na edição especial dedicada a Zweig no jornal dos exilados de fala alemã editado em Nova York, Mann comparece com lacônico parágrafo: "a morte de Stefan Zweig rasga dolorosa fenda nas fileiras da literatura emigrada européia" (p. 517). Segundo Dines, "na intimidade qualifica o ato como covardia, gesto egoísta, fuga ao dever, desprezo pela influência que exerceria sobre aqueles que ainda esperavam escapar do inferno" (p. 517).

Instalando-se no Brasil, Zweig teve a percepção exata do momento brasileiro, o Brasil do Estado Novo simpatizante do Eixo. Com temor, vê se aproximarem as evidências da chegada da guerra. Para Dines, o torpedeamento dos navios brasileiros teria relembrado o medo físico que sentiu em Bath, trazendo de volta o dilema quanto à própria participação, algo que se configurou como da ordem do insuportável. Repetia aos amigos que os nazistas não o pegariam vivo. Já muito próximo, ideologicamente, da idéia do suicídio (ao menos oito de seus personagens optaram pela morte voluntária), Zweig, que deixou em seus apontamentos uma clara recusa a tratar-se — "odiados os médicos, inclusive os remédios para a alma" (p. 534) —, reaproximou-se da idéia de precipitar a morte ingerindo uma substância tóxica (Veronal, Adalina ou morfina), que não foi esclarecida à época. Em suas próprias palavras, "depois dos 60 são necessárias forças incomuns para começar de novo, e aquelas que possuo foram exauridas nestes longos anos de desamparadas peregrinações" (p. 550).

Finalmente morto, o corpo trajado com esmero, abraçado pela mulher, também morta, suscitou os mais variados e díspares comentários. Para uns, como vimos, teria sido um gesto covarde que auxiliou os inimigos que dizia combater. Para outros, as circunstâncias desfavoráveis, agindo sobre uma pessoa sensível, eram as responsáveis por aquela atitude extrema. Poucos talvez tenham percebido que as circunstâncias agiram como freio ou acelerador, impedindo ou precipitando o momento final. O que parece fundamental é que trazia impresso na alma o desejo de morte.

PARTE II

Sobre o desejo

(...) nada mais, a não ser um desejo, pode colocar nosso aparelho psíquico em ação.

FREUD, 1900

ESTADOS DEPRESSIVOS E SUA RELAÇÃO COM O DESEJO

Associamos o desejo ao movimento, ou seja, às condições nas quais o sujeito ergue um projeto, manifesta interesse e executa o trabalho de realização de algo que ambiciona. Nas depressões, ao contrário, deparamo-nos com um sujeito queixoso, que se lamenta da vida, e constatamos, ao ouvi-lo, que está paralisado e distanciado em relação ao desejo. Às vezes está voltado a uma perda recente; em outros momentos está descrente de oportunidades, e há ainda posições nas quais acha que *a vida não vale a pena*, *as coisas não dão certo mesmo* por essas ou aquelas razões, ou simplesmente nada diz, recolhendo-se ao silêncio. Em todas essas situações há um denominador comum, que é o afastamento do sujeito em relação ao registro do desejo.

Para nomear o desejo, Freud (1900) escolheu um termo corrente na língua alemã — *Wunsch* —, que pode ser traduzido como voto, aspiração, e deu a esse termo, pouco a pouco, o estatuto de conceito. Para a psicanálise, o desejo não é apenas uma palavra ou um verbo que traduz o ato de desejar alguma coisa. Constituiu-se um trabalho elaborar, a partir desse termo simples, associado à idéia de voto que se vê ou encontra até mesmo num cartão — *votos de feliz aniversário ou Natal* —, um conceito-chave para a teoria e a clínica psicanalíticas. Esse conceito tem suas bases apresentadas no capítulo VII de *A interpretação de sonhos* (1900), que, hoje, consideramos a obra inaugural da psicanálise.

Seguindo as associações dos pacientes no início de seu percurso, Freud percebeu que, freqüentemente, relatos de sonhos se misturavam às demais associações. A primeira indicação da teoria dos sonhos articulada à idéia de realização de desejo é a análise do sonho do jovem médico preguiçoso que continua a dormir enquanto sonha que está no hospital trabalhando. Pouco tempo depois, constata e expande essa hipótese, analisando um dos próprios sonhos, o sonho da injeção de Irma, ocorrido na data histórica de 24 de julho de 1895. Freud estava às portas do século XX e já dispunha dos instrumentos necessários para propor outra área do conhecimento que apresentava uma nova perspectiva — o inconsciente.

A noção de desejo inconsciente é amplamente desenvolvida nos dois volumes da *Interpretação de sonhos* (1900, *op. cit.*). Ao longo desse trabalho, podemos perseguir o uso do termo desejo desde as formas mais simples, referido a desejos pré-conscientes ou mesmo conscientes, até ganhar a envergadura de conceito, passando a integrar o conjunto da metapsicologia freudiana que é inaugurada no capítulo VII dessa obra. No sonho, o desejo inconsciente não se apresenta de forma clara, a não ser, por vezes, nos sonhos de crianças. De maneira geral, o desejo que se manifesta através do sonho o faz de forma enigmática, distorcida, deformada pela ação da censura, mas — Freud nos mostra — ele insiste, tanto no sonho quanto nas demais formações do inconsciente — o lapso, o *chiste* e o sintoma. E necessita de um trabalho no sentido de sua interpretação.

A partir do método de interpretação de sonhos praticado por adivinhos e intérpretes do Oriente, Freud concebeu a idéia da interpretação como via de acesso ao desejo inconsciente que encontra, através do sonho, seu espaço de realização. Podemos dizer, inclusive, que a interpretação psicanalítica teve origem na face enigmática do sonho. Como sucessão de imagens figuradas, só ao ser relatado e, portanto, articulado à linguagem o sonho, se apresenta para ser interpretado. Ao relatá-lo, o sonhador preenche lacunas, ouve a si próprio e produz associações. Só o sonhador, portanto, com suas associações poderá interpretar o sonho produzindo um efeito de sentido. O sonho, dessa forma, não é da ordem do símbolo, ou seja, não guarda relação com um suposto significado universal. Qualquer aproximação da interpretação simbólica ou da idéia de um dicionário de símbolos é deixada de lado por Freud. Essa vertente interpretativa de que o melhor intérprete é, na verdade, o próprio sonhador, Freud (1900, *op. cit.*) encontrou nos relatos de Artemidoro de Daldis, que deixou um amplo estudo sobre a interpretação de sonhos da forma como era praticada no mundo greco-romano. O princípio dessa arte interpretativa seria correlato ao princípio da associação. Pela interpretação, o conteúdo latente dos sonhos é trazido à luz e se mostra como a realização disfarçada de um desejo recalcado. O sonho, situou Freud, seria a *via régia* de acesso ao desejo inconsciente.

O desejo inconsciente, infantil e recalcado, mantém-se *em estado de alerta*, em busca de representação e expressão através das formações do inconsciente. Nas palavras de Freud (1900), "os sonhos são atos psíquicos como quaisquer outros; sua força impulsora é, em qualquer caso, um desejo a buscar realização (...)" (p. 550). O desejo é remoto na história do sujeito e só se apresenta de maneira velada sob o efeito da censura. Quando deparou com essas características, Freud foi obrigado a deter-se e a definir dois sistemas no aparelho psíquico, um referido ao que origina o desejo e outro que impõe seu encobrimento, mascarando-o. Nesse momento podemos valorizar a emergência de um dos princípios fundamentais da psicanálise: o desejo é um divisor de águas; ele cinde o sujeito, ou seja, há uma divisão subjetiva no que diz respeito ao desejo. Se por um lado o desejo provém do sistema inconsciente cujo funcionamento se dá pelo processo primário, por outro está submetido à censura operada pelo processo secundário. O processo primário admite o desejo, enquanto o processo secundário o inibe. Mas o inconsciente só sabe desejar. Nas palavras de Freud, "ele é incapaz de fazer qualquer coisa que não seja desejar" (1900, p. 550).

A origem infantil e sexual do desejo fica patente no Édipo, que estrutura dois desejos humanos fundamentais, o desejo sexual pelo genitor do sexo oposto e o desejo de morte do genitor do mesmo sexo, ambos fortemente recalcados, o que equivale dizer que o sujeito os mantém encobertos. Pela via associativa, no deslizar de palavra em palavra sem a preocupação com a ordem ou o sentido é que o sujeito, meio sem querer, pode saber sobre seu desejo.

Freud reforça a idéia de que o desejo inconsciente é indestrutível, e isso se dá não apenas pelo fato de os trilhamentos (*Bahnungen*), traços de memória, serem impressões permanentes, como também pela principal característica do desejo, a de jamais ser completamente satisfeito. À diferença da necessidade, que de alguma forma pode ser saciada, o desejo está destinado à incompletude, porque não há um objeto específico que a ele corresponda.

No entanto, quando associamos o desejo ao impulso, à força que move o sujeito, em outras palavras, à ordem pulsional, deixamos de mencionar seu outro pólo, tão importante quanto o primeiro, que é a ordem da representação. Em seu enlace à representação, o desejo busca um nome, um sentido, inscrevendo-se na linguagem. Assim, arriscando uma primeira e necessariamente incompleta definição de desejo, poderíamos dizer que, ao recorte pulsional que consegue se fazer representar por meio de uma formação do inconsciente, podemos chamar de desejo. Ao buscar representar-se, o recorte pulsional se articula à palavra, configurando-se como um desejo. Essa concepção supõe, como correlatos, pulsão e desejo, dentro da concepção freudiana já mencionada de que "sua força impulsora é um desejo a buscar realização" (1900, p. 550).

Freud distingue o desejo, ou melhor, o estado de desejo (*Wunschzustand*) de afeto (*Affect*). Enquanto o afeto está ligado à descarga, ou seja, o que é sentido como desprazer se fará acompanhar de uma tendência à descarga, o estado de desejo se produz por uma somação. Freud faz uma aproximação entre o estado de desejo e a experiência primária de satisfação. Quando ressurge no sujeito o estado de necessidade, um impulso psíquico tentará reinvestir a imagem mnêmica do objeto de satisfação, em busca da reprodução da satisfação original. É a partir dessa experiência que se estabelece uma ligação entre a imagem do objeto e a imagem do movimento que possibilitou a descarga da tensão acumulada, ou seja, proporcionou o alívio, o prazer. Nas palavras de Freud (1900),

> um impulso dessa índole é o que chamamos desejo; o reaparecimento da percepção é a realização de desejo, e

> o caminho mais curto a essa realização é o que conduz desde a excitação produzida pela necessidade até o investimento pleno da percepção. (p. 571)

O estado de desejo ou, em última instância, o desejo insatisfeito pelo desencontro com o objeto que com ele não coincide totalmente manterá o psiquismo em movimento.

O conceito de desejo inconsciente, proposto por Freud em 1900, foi, aproximadamente cinqüenta anos depois, redefinido por Jacques Lacan. Em sua releitura do texto freudiano, Lacan escolhe outro termo para nomeá-lo — *Begierde* —, e, inspirando-se em Hegel, insere o desejo numa dialética, a dialética da demanda e do desejo. De acordo com essa perspectiva, o sujeito expressa suas necessidades por meio de um apelo dirigido ao Outro. A demanda implicaria, assim, a articulação em palavras, ou seja, pela via significante, de um pedido direcionado a alguém. A ordem da necessidade é então substituída, inevitavelmente, pela demanda que se operacionaliza na linguagem. Para situar o desejo em sua dimensão absoluta, Lacan (1957-8) traça, inicialmente, uma analogia com a necessidade, afirmando que dela é retirada a matéria-prima para a confecção do desejo. O desejo, no entanto, não pode ser reduzido à dimensão da demanda e menos ainda à da necessidade, que têm sempre um alcance limitado. O desejo pertence a outro registro. Segundo Lacan (1957-8), a partir de uma necessidade particular ocorreria então uma mudança de registro que adquire uma condição absoluta, agora sem guardar proporção com a necessidade de um objeto determinado. No momento em que cessa a demanda, o sujeito faz o movimento em busca de uma realização que sabemos impossível — esse é o tempo do desejo. A redefinição lacaniana de desejo permitiu uma abordagem mais ampla e aprofundada das estruturas clínicas. No caso das estruturas neuróticas, por exemplo, constatou-se que ocorre, invariavelmente, uma confusão entre o desejo e a demanda, o que na histeria terá a configuração de desejo insatisfeito; na neurose obsessiva, de desejo impossível, e, nas fobias, aparecerá sob a forma de evitação do desejo. Essa confusão entre demanda e desejo é a maneira pela qual o neurótico se defende do próprio desejo. Substituindo o registro do desejo pelo da demanda, o neurótico se manterá demandante, ou seja, por uma razão ou por outra, à espera, postergando, perdendo-se em queixas, ou aguardando a suposta permissão de um outro. Esse posicionamento de manter o desejo insatisfeito, adiá-lo ou evitá-lo deixa o neurótico particularmente exposto à condição depressiva.

Nesse sentido, valorizamos a expressão *movimento desejante* como a trajetória realizada pelo sujeito de objeto, em objeto que, se por um lado não obtém a completa satisfação, por outro o mantém em busca, em permanente construção. Todo o trabalho psíquico envolvido na realização do desejo, desde sua elaboração, nem sempre muito nítida, até o ápice de sua resolução, transforma o cotidiano do sujeito.

Não é difícil observarmos, a nossa volta, sujeitos imersos no registro do desejo: eles ultrapassam os obstáculos com mais facilidade e insistem em direção àquilo que supõem ser a sua realização. Além disso, há, ainda que invisível ao olhar do observador, um movimento de renúncia, uma vez que, para realizar o seu desejo, o sujeito precisa abrir mão de algo. Precisa muitas vezes perder horas de sono ou deixar de lado algum tipo de lazer. Com isso queremos dizer que o desejo nada tem de confortável. Ele incomoda, traz inquietação e muitas vezes desconforto. O desejo dá trabalho, demora a se realizar, dissolve-se ao ser realizado e cobra um tributo. Nas palavras do psicanalista francês Charles Melman (2002), o desejo verticaliza: ele levanta o sujeito, o põe em ação, contrariando qualquer idéia ligada a conformismo ou acomodação. Como mencionamos, ele é o verdadeiro motor da vida psíquica.

Na clínica psicanalítica, a entrada de um paciente deprimido nos põe, de imediato, diante da condição de paralisia, estagnação do desejo. Em seus diversos matizes, que vão da depressão leve aos extremos da melancolia, encontramos como denominador comum a cessação desse movimento chamado desejo. A depressão corresponde à zona do apagamento, do desaparecimento do desejo. Nessas condições, não é raro o sujeito evocar a figura da morte, simbolizando, através dela, a possibilidade de cessação da dor.

A depressão se converte num tempo de paralisação da ação e, também no amor, é um tempo de desinvestimento. Em termos freudianos, poderíamos falar em recuo da libido ao eu. Ao conceber o eu como o grande reservatório de libido, ao postular um movimento libidinal que parte do eu em direção aos objetos e deles retorna, Freud deixou elementos para analisarmos as depressões nas quais o aparente esvaziamento do eu não nos impede de perceber, paradoxalmente, o agigantamento dessa instância e seu autocentramento. A teorização freudiana fornece, assim, a principal ferramenta para considerarmos os estados depressivos como modalidade narcísica de gozo. A autotortura e a mortificação de si atestam o retorno libidinal que faz tudo girar em torno do eu.

O recuo da libido ao eu ocasiona, ainda, a condição de desinteresse diante do mundo, tão freqüente no deprimido. E, fechado em si mesmo, o sujeito mostra-se hipocondríaco, preocupado com sua sobrevivência imediata, inseguro, amedrontado e mesmo acovardado — expressão utilizada por Freud, e anos mais tarde por Lacan, para designar essa posição existencial. Nas depressões há um rebaixamento na qualidade de vida, uma vez que os medos, as defesas, o recuo, a desistência, os temores, em particular os imaginários, tornam-se centrais, e a perspectiva que traz com ela as possibilidades de projetos criativos declina. Como podemos perceber, os estados depressivos, em suas diferentes variantes, são antagônicos ao registro do desejo. O sujeito perde mundo e, conseqüentemente, repertório. Não tem do que falar. Silencia. Como Freud irá descrever depois de apresentar sua segunda tópica, é o silêncio da pulsão de morte que se presentifica, distanciando o sujeito do movimento ruidoso da vida erótica.

Desejo, tristeza, depressão e melancolia

O desejo é aquela chama que ilumina o sujeito em busca de algo que acredita ser uma fonte de realização. Além de iluminar, para dizer de maneira poética, o desejo é um estímulo ao psiquismo. Em busca de sua realização, o sujeito procura e freqüentemente encontra saídas, as mais diversas, para os obstáculos inerentes à vida. Surge a criatividade para facilitar a resolução de problemas. É o desejo, muito mais do que a disciplina, que mobiliza espontaneamente o sujeito à ação. A tristeza, contudo, merece uma menção especial. Embora possa fazer parte dos estados depressivos, como ocorre em grande parte dos casos, não é exclusiva deles. Na perspectiva clínica que estamos examinando, estar triste é completamente diferente de estar deprimido. Vemos a tristeza como um afeto, nela há implicação do sujeito e subjetivação da dor. Quando nos confrontamos com limites diante dos quais nada podemos fazer, quando estamos diante do irremediável; quando, à porta de uma UTI, aguardamos notícias de um ser amado para o qual não existe esperança de vida, é legítimo sentir tristeza. A tristeza aponta nosso limite, nossa condição *humana, demasiado humana*, e a impossibilidade inerente a essa condição. Faz parte da vida perdermos pessoas e objetos que nos são valiosos. Durante o trabalho de luto, é compreensível sentir tristeza. Diante de uma guerra, é legítimo sentir tristeza. A estabilidade de humor não é incompatível com algum grau de flutuação, uma vez que o sujeito, inserido numa realidade de vida e em contato com os outros, sofre constantemente algum tipo de afetação.

Quando o sujeito está fora do registro do desejo, a vida perde seu principal combustível. Os dias são vividos na manutenção da sobrevivência, no cumprimento de obrigações e nas inúmeras providências que povoam nosso cotidiano. Sem o desejo como motor, a vida fica referida ao puro existir que Lacan (1958-9) veio a chamar de *dor de existir*: a existência pura e simples, sem nenhuma ilusão ou véu, o limite último do desejo. Nesse sentido podemos mesmo pensar que, quando o movimento desejante cessa e a existência se converte no puro existir, só há espaço para a dor. Quando, de alguma maneira, há uma condição de morte anunciada ou evidências sugerem que a vida está prestes a ser concluída, torna-se difícil — embora não impossível — manter o desejo em movimento. Poderíamos aproximar esse contexto de situações nas quais o sujeito, vitimado, por exemplo, por uma doença incurável, vê esgotar-se as tentativas ou os recursos disponíveis e percebe que só lhe resta aceitar que chegou o momento de concluir seus dias. Esse delicado momento poderia se aproximar, a nosso ver, da noção de *dor de existir*, um tempo de quietude que antecederia o fim.

Já a depressão, como sugere a etimologia da palavra, evoca a idéia de pressão de fora, achatamento, confrontando o sujeito com a condição de impotência. Distante do registro matizado da tristeza, mais sutil e sugestivo de um trabalho psíquico de elaboração, vemos, em grande parte dos estados depressivos, o sujeito numa posição existencial de desistência. O abandono do desejo implica algum grau de traição consigo mesmo e, nesse contexto, não é raro o aparecimento da culpa. A culpa sugere a incidência do supereu em seu aspecto tirânico, exigente, sádico.

É extremamente importante, nesse momento, analisarmos eventuais diferenças entre a melancolia e os demais estados depressivos, questão polêmica e não de todo solucionada, na medida em que, em termos psicanalíticos, não utilizamos um critério diagnóstico sistematizado. Mesmo assim, encontramos, em nossa pesquisa, como já foi dito, respaldo para situar a melancolia, no campo das psicoses, diferenciando-a dos demais estados depressivos que abarcam, em sua maior parte, as depressões referidas à estrutura neurótica. O diagnóstico estrutural é bastante utilizado em psicanálise com a finalidade de permitir ao clínico a definição da direção do tratamento. A estrutura neurótica tem seu pilar no Édipo, e, dependendo da maneira como se desenrola a operação edípica, configuram-se as três principais neuroses — histérica, fóbica e obsessivo-compulsiva —, que resultam em formas peculiares de relação do sujeito com seu desejo. As neuroses, segundo Freud (1924), têm seu fundamento no conflito entre o eu e o isso, ou seja, fragmentos do inconsciente são recalcados, o que equivale dizer que ficam ocultos para o próprio sujeito, vindo a se manifestar através do sintoma e de outras formações do inconsciente. O conflito psíquico, o embate entre forças opostas, guarda uma relação intrínseca com as neuroses. É o caso, por exemplo, do duelo entre o desejo e o medo, da dúvida entre assumir o próprio desejo ou sucumbir às imposições familiares e muitas outras formulações que sempre chegaram aos consultórios de psicanálise. No caso das depressões neuróticas, encontramos uma estrutura neurótica de base, mas, em lugar do conflito a ela inerente, predomina o vazio, sentimentos de impotência e destituição.

Nesse sentido vem aparecendo, ao longo dos últimos trinta anos, uma queixa crescente que traz, ao primeiro plano, a expressão depressão. Esse termo chega à clínica trazido pelo sujeito que se apresenta à análise. O analista, ao ouvi-lo, lhe pede que diga o que quer dizer com isso, mobilizando o início de um trabalho psíquico de subjetivação. O tratamento analítico tenta promover a implicação do sujeito naquilo que lhe acontece, valoriza a maneira de cada sujeito, em sua singularidade, relatar o sofrimento, atribuindo-lhe esta ou aquela razão, esta ou aquela interpretação. Um analista não irá aceitar simplesmente a expressão, *estou deprimido*. Por focalizar a relação do sujeito com seu desejo e convocá-lo em sua responsabilidade diante dele é que a psicanálise obtém efeitos antidepressivos.

A vida não tem sentido para mim é uma expressão queixosa que sugere a idéia de que existe, em algum lugar, um sentido a ser buscado, uma completude da qual se está excluído. É, de certa maneira, uma constatação de que falta algo essencial, que não foi atingido por incompetência ou por injustiça. A condição depressiva é uma maneira de sucumbir a essa falta e deixar-se ficar diante dela sem nada fazer, inerte, impotente. O desejo se constitui em torno de uma falta fundadora, numa incessante busca condenada a um malogro parcial, já que não é possível, em termos humanos, uma completa realização. Paradoxalmente, uma outra face da falta pode deixar o sujeito paralisado. Nas estruturas neuróticas, a destituição de si, o sentimento de inferioridade, a percepção de que o outro é que pode, tem condições e mérito para vencer, se encontram ampliados. Estamos então diante do desafio de analisar em que medida a própria contemporaneidade estaria contribuindo para exacerbar tais mecanismos. Porque estaria havendo um crescimento da condição depressiva em paralelo ao esvaziamento do registro do desejo. E, sobretudo, se o eventual esvaziamento do desejo poderia ser o fator decisivo para a ampliação dos estados depressivos.

Parte III

Contemporaneidade e depressão

DESCAMINHOS DO DESEJO NA CULTURA DO CONSUMO

Existe algo de faltoso no centro de nosso desejo. Em busca de realização, o sujeito deve, literalmente, contornar essa hiância e fazer o movimento que, como mencionamos, só o realiza em parte, sendo a completude inacessível. Com isso não queremos negar ao sujeito a possibilidade de momentos felizes, momentos de encontro ou de conquista. Apontamos, tão-somente, a idéia de que uma complementaridade absoluta seria inatingível em termos humanos. E justamente essa incompletude, tão lamentada, é a mola do movimento incessante que revitaliza o sujeito.

Se por hipótese atingíssemos a completude, ficaríamos paralisados, sem necessidade alguma de movimento. É a falta que nos lança em busca de algo que, incompleto que seja, nos põe em ação. Além disso, o termo realização aponta para a idéia de trabalho, ou seja, à trilha que percorremos em busca do que almejamos, que é, necessariamente, um percurso de crescimento. Várias vezes ouvimos, no consultório, expressões como esta: *valeu a pena, nem tanto por atingir o objetivo, mas pelo caminho que precisei fazer para chegar até ele.*

A ética que rege o tratamento psicanalítico convoca o sujeito à responsabilidade diante de seu desejo. Nessa medida, converte-se, a nosso ver, em uma das abordagens possíveis para as depressões, uma vez que permite a retificação subjetiva, a implicação pessoal, abrindo condições à retomada do movimento desejante. Situada a importância do desejo como motor da vida psíquica, surge a questão do que ocorre na contemporaneidade no sentido de atrofiar essa dimensão fundamental à vida.

A condição subjetiva de esvaziamento e perda de sentido que caracteriza os estados depressivos hoje pode de alguma maneira estar relacionada às mudanças que ocorrem rapidamente à nossa volta. Atravessamos um período de transição histórica, uma vez que tais mudanças não estão relacionadas ou restritas a nenhuma área em particular, mas se estendem por toda parte. A globalização se presentifica não apenas em eventos especiais que se tornam manchetes nos grandes jornais de todos os países. Afeta o nosso cotidiano — até mesmo a esfera íntima — sem que tenhamos uma clara noção disso.

O pensador político Anthony Giddens (2002) deteve-se no estudo dessa questão ao pesquisar o efeito do regime social e político sobre o sujeito em diversos setores da vida, inclusive a intimidade. Vivemos hoje em uma sociedade cosmopolita global. Para esse autor, o capitalismo, em seus esforços para padronizar o consumo e formar gostos através da propaganda, desempenha um papel importante na ampliação do narcisismo. O consumismo difundiu-se numa cultura totalmente voltada às aparências. Observa ainda Giddens que o consumo promete as mesmas coisas que o narcisismo deseja — charme, beleza e popularidade —, através do consumo dos tipos *certos* de bens e serviços. Isso nos remete, segundo o autor, a um mundo cercado de espelhos nos quais buscamos a aparência de um eu socialmente valorizado.

Dessa forma, uma das conseqüências do capitalismo avançado seria uma inflação narcísica. Com uma oferta quase infinita de bens, o sujeito se deixa capturar por objetos de desejo, *sonhos de consumo*. O narcisismo, essa paixão da imagem, com os recursos oferecidos pela ciência hoje, atingiu sua culminância com a perspectiva (ou realidade?) do aparecimento de clones: a geração de outras criaturas à nossa imagem e semelhança. Dificilmente encontraríamos outra expressão tão extrema de narcisismo.

O pano de fundo do capitalismo avançado aliado à evolução da ciência e da tecnologia fomentam a idéia de superação da dimensão do impossível — o impossível hoje será possível amanhã. Esse novo mandamento interfere na dinâmica da castração, afetando a dimensão subjetiva constituída, como ressaltamos, em torno de uma falta. Com a redução da dimensão da impossibilidade, ampliou-se enormemente, a nosso ver, a dimensão da impotência, uma vez que, *se tudo é possível, eu é que não posso*. Essa condição, ao incidir sobre as estruturas neuróticas, tem um efeito devastador, uma vez que potencializa os sentimentos de inferioridade e destituição a elas inerentes.

Trazemos aqui, por curiosidade, um caso clínico atendido por Freud em 1892 (1895), de uma governanta inglesa a quem chamou de Miss Lucy. Ela sofria de depressão e fadiga e era atormentada por sensações subjetivas do olfato. Freud lhe pergunta que odor mais constantemente a atormentava e recebe, como resposta, *um cheiro de pudim queimado*. Resolve então tomar essa referência como ponto de partida da análise, situando-a, em seguida, no centro de uma cena na qual emoções antagônicas tinham estado em conflito. Em poucas sessões comunica à paciente sua suposição de que ela estaria apaixonada pelo patrão e desejosa de tomar o lugar de sua falecida esposa. Miss Lucy concorda com ele, revelando, em seguida, ter tentado expulsar tais pensamentos da cabeça. Tratava-se de uma paciente neurótica, e Freud identifica a defesa histérica, com a conversão da excitação em inervação somática, sendo a idéia incompatível recalcada da consciência. Em troca, resta a reminiscência física que surgiu através da conversão (as sensações subjetivas do olfato). Para Freud (1895), o sofrimento se dá pela emoção que se acha ligada àquela reminiscência. E nesse sentido observa que

> o mecanismo que produz a histeria representa, por um lado, um ato de *covardia moral* e, por outro, uma medida defensiva da qual o eu dispõe. Com bastante freqüência temos de admitir que desviar excitações crescentes provocando histeria é, nas circunstâncias, a coisa mais apropriada a fazer; mas pode-se também concluir que uma dose de *coragem moral* teria sido vantajosa para a pessoa em causa. (p. 139, grifos nossos)

Recortamos do texto freudiano duas expressões relevantes à discussão que encaminhamos: *covardia moral* e *coragem moral*. Apesar de estar intelectualmente ciente de que amava o patrão, o medo do afeto teria produzido em Miss Lucy um mecanismo próximo à cegueira afetiva, distanciando-a de seu desejo. A apreensão intelectual foi, portanto, insuficiente no sentido de impedir as manifestações histéricas. Uma posição de *coragem moral*, no entanto, seria uma outra via possível, essa podendo certamente impedir que o mecanismo histérico encontrasse condições de se manifestar. Os quadros depressivos neuróticos costumam trazer a questão do abandono da via do desejo, seja por acomodação, medo, adiamento, seja por toda sorte de trocas realizadas imaginariamente nas quais o sujeito deixa de lado o que quer por algo que lhe parece valer a pena, ou ainda, pelo que considera ser seu dever. Muitos trazem suposições e pressupostos no sentido da incapacidade de progredir, de realizar-se, fixados em fantasias de destituição. Podemos dizer que a própria estrutura neurótica constitui um fator — nesse caso atemporal — de adiamento do confronto do sujeito com o seu desejo. Sem dispor do desejo como motor, não é difícil ao neurótico, inferiorizado, insatisfeito, queixoso de si, sucumbir ao gozo depressivo, de certa maneira *acovardar-se*, como sugere Freud, e como Lacan desenvolveu nos anos posteriores de seu percurso.

Nossa cultura, por outro lado, acentua os mecanismos neuróticos de destituição ao excluir quem não se alinha ao padrão de vencedor. Fomenta, igualmente, o medo de errar a escolha e perder, seja em relação à vida profissional seja quanto à vida amorosa, contribuindo no sentido de ampliar essa *covardia moral* à qual Freud se refere, e que percebemos no dia-a-dia do consultório. Estimula a formação de sujeitos amedrontados que temem o risco e que, muitas vezes, *vendem a alma* em nome de algum nível de segurança. Admitindo que o sofrimento psíquico se manifesta hoje sob a forma de depressão, Elisabeth Roudinesco (2000) observa o esvaziamento da dimensão do conflito ao questionar se passamos da era do confronto para a era da evitação, promovendo, com isso, uma *revalorização dos covardes*. Comenta ainda que a concepção freudiana de um sujeito do inconsciente atormentado por questões relativas ao sexo, à interdição e à morte foi substituída pela concepção de um indivíduo depressivo que foge de seu inconsciente e esvazia a dimensão do conflito.

A cultura do consumo incide sobre o sujeito, imprimindo à dimensão imaginária extraordinária amplitude. E na referência imaginária, especular por excelência, o sujeito oscila entre a dimensão da onipotência, a condição de júbilo, de triunfo narcísico na qual a falta é negada, e seu oposto, a impotência, na qual ele está completamente referido a essa falta. Um tipo, portanto, de oscilação entre extremos. Outro aspecto que encontramos na inflação do imaginário é a montagem — *ou eu ou o outro* —, que reduz as possibilidades de contato com outros sujeitos à eliminação do outro para criar seu próprio espaço, a relação competitiva por excelência.

A obrigatoriedade da imagem de vencedor — insustentável, mas desejável do ponto de vista da demanda social — só é possível mediante o uso de artifícios que escamoteiam qualquer fragilidade. Essa mesma imagem como mandado social fomenta, em contrapartida, como em todos os aspectos da vida no capitalismo avançado, uma multidão de excluídos, aqueles que não podem atingir o patamar de vencedores. Parte deles seriam os que se nomeiam deprimidos: os sem condições, os com baixa auto-estima, enfim os que se julgam aquém dos demais, condição reforçada pelo contexto social. Esses sujeitos abandonam a luta, deixando-se ficar à margem.

Marília tem 21 anos, é uma moça pequena e magra. Deixou os estudos recentemente alegando falta de interesse. Mantém-se em casa, sem fazer nada, e só sai acompanhada pela mãe ou a irmã. Relata total desconforto com sua imagem, não aceitando as características de seu biótipo. Gostaria de ser alta e mais forte, embora sem barriga — que julga ter, mesmo sendo magra. Acha que muito esforço precisa ser investido nas mudanças que julga necessárias para que sua aparência chegue a um mínimo... Marília não se considera inteligente e acha que tudo o que faz é feio, irrelevante ou errado. Precisa pedir tudo à mãe e, embora diga ter vontade de trabalhar numa loja, tem vergonha de se apresentar mesmo para uma entrevista.

Rebeca procura a análise aos 23 anos. Nas primeiras entrevistas, fala muito pouco, chorando a maior parte do tempo e dizendo não saber o quê nem como falar. Conta depois que faz o curso de economia com dificuldade e que suas notas são baixas em todas as matérias. Não se relaciona com os colegas, tendo apenas duas amigas. Filha única, esconde dos pais as constantes repetições com receio de ouvir críticas. Sente-se intimidada pelo pai, um economista bem-sucedido. Sensível fisicamente, Rebeca revela que, às vésperas de provas, manifesta problemas gástricos, vomitando muito, o que a enfraquece e prejudica ainda mais seu rendimento. Estuda pela manhã, dorme à tarde e à noite, depois do jantar. Afora as atividades da faculdade, não faz mais nada, pois não sente vontade. Gostaria de ter um namorado, mas acha que passa despercebida pelos rapazes.

Se procurarmos um denominador comum a esses casos, encontraremos a cristalização do imaginário de cada uma das moças no sentido da impotência, do estar aquém, do sentimento de insuficiência em face do ambiente, tanto do ponto de vista físico quanto intelectual. Mas, além do aspecto subjetivo, estamos propondo a idéia de que alguns fatores que integram nossa cultura, hoje, possam estar agindo em somatório no sentido de potencializar os mecanismos neuróticos de exclusão.

O sujeito é incentivado a consumir, sendo-lhe acenada a idéia de completude com a suposta posse de seu objeto de desejo insinuada pela publicidade. A ênfase no consumo de bens e serviços especializados que prometem saúde, prolongamento da vida e eterna juventude atrela o sujeito à dimensão da necessidade e da demanda, mantendo-o aprisionado, como uma criança infatigável, à rasteira busca de seu *sonho de consumo*. Essa expressão, tão difundida em nossa cultura, ilustra como a demanda, a ânsia em querer sempre algo, faz emergir, cada vez mais, sujeitos insaciáveis e ao mesmo tempo distanciados da via do desejo.

Nessa fase avançada do consumo, os sujeitos se deixam transformar em objeto: corpos esculpidos prontos ao gozo rápido. A própria cultura promove, na opinião de Danièle Silvestre (1999), a *obrigação de ser feliz*, ou seja, a apresentação de uma imagem positiva, forte, antenada, que consegue lidar com os acontecimentos da vida e superar os obstáculos com facilidade. Observa ainda a autora que, nesse contexto, toda tristeza parece vergonhosa e mesmo injustificada, podendo facilmente ser patologizada. A tristeza, o luto e a dor, antes legitimados pela cultura, perderam hoje, sob o mandado do *time is money*, essa legitimidade e, conseqüentemente, o tempo necessário à sua elaboração. A palavra depressão ganhou um sentido amplo, podendo designar mal-estar, desconforto, perda, desapontamento, enfim, tudo o que possa significar estar aquém da felicidade prometida pela publicidade e pelo mercado e ainda, um mal a ser extirpado rapidamente para que não se transforme em obstáculo às conquistas e não venha a depor quanto à imagem do sujeito. Nesse sentido é que buscamos contextualizar os exemplos trazidos por Marília e Rebeca, levantando a questão de até que ponto os fatores sociais agravam a problemática de jovens como elas.

De acordo com Guy Debord (1997), em livro publicado há dez anos, *A sociedade do espetáculo*, com a Revolução Industrial, a expansão do comércio e a acumulação do capital, a mercadoria assumiu o total domínio da economia, transformando-se em ditadura. Se com a evolução do capitalismo fomos abandonando a cultura do ser na direção de uma cultura do ter, para esse autor, "a fase atual, em que a vida social está totalmente tomada pelos resultados da economia, leva a um deslizamento generalizado do ter para o parecer" (p. 18). A essa afirmativa do autor poderíamos acrescentar que tal condição propicia o aprisionamento do sujeito à dimensão da necessidade, dificultando enormemente sua assunção ao patamar de sujeito desejante. Cria, por outro lado, a ilusória aparência de vencedores em oposição a perdedores: aqueles que respondem às expectativas do mercado e os que estão fora desse parâmetro.

Recebi recentemente, em meu consultório, uma senhora que queria me falar de sua única filha. Segundo o relato da mãe, a menina, de 10 anos, era boa aluna, boa filha, não lhe causava problemas e tampouco parecia infeliz. Quando lhe perguntei o que a preocupava, ela me respondeu que a filha tinha um ritmo um pouco lento, era tímida, tinha um grupo pequeno de amigas e que temia que a menina, com esse temperamento, ficasse aquém das expectativas do mercado.

Estar aquém das expectativas do mercado, distante da concepção de felicidade familiar sugerida nos anúncios da televisão ou destituída da sensualidade vibrante retratada pela publicidade das cervejas — evidências ostensivas do êxito e do sucesso — parece ser uma condição de nossa época, que fomenta a destituição do neurótico, ampliando-a e enfatizando a idéia de que, se não couber dentro dessa lógica dos bem-sucedidos, ele está fora, excluído do conjunto de vencedores. A segregação, assim, seria um efeito inevitável do avanço do discurso capitalista: deixar em sua passagem uma legião de sujeitos condenados ao lugar da exclusão, os sem-teto, os sem-emprego, os excluídos do universo da informática e, como podemos constatar, a crescente legião dos deprimidos, o grupo dos *sem-potência*.

O sociólogo polonês Zigmunt Bauman vem desenvolvendo, ao longo dos últimos anos, uma extensa reflexão sobre as condições de vida no contexto do capitalismo avançado, que suscita, no sujeito, a necessidade de se adequar ao ritmo implacável do mercado e ao crescente medo de ficar defasado. A vida líquido-moderna (2007) é, para o autor, uma vida na qual os sujeitos são equiparados a objetos com prazos de validade limitados e que perdem rapidamente sua utilidade, poder de sedução e valor. Em conseqüência, o culto ao imediato, ao novo, impõe-se como valor prioritário acima de qualquer valor de permanência. Para o autor, a sociedade líquido-moderna milita contra o sacrifício das satisfações imediatas — adiar por quê? —, induzindo o sujeito ao frenético movimento de querer agora e satisfazer-se em seguida. Nessa lógica, não há razão para esperar, e os cartões de crédito estão aí para isso.

É a própria cultura do consumo que perpetua, assim, a insatisfação, uma vez que impõe a idéia de que a satisfação completa está adiante, será acessível no momento seguinte. Mas o *objeto de desejo*, depreciado tão logo obtido, revela-se um logro: um circuito completo de esperança, frustração e desapontamento, tudo realizado em alta velocidade, num instante. De acordo com Bauman (2007), "a vida líquida alimenta a insatisfação do eu consigo mesmo" (p. 19). A ideologia da satisfação imediata, da aquisição premente e das promessas do mercado conspira contra idéias mais conservadoras, como projeto de vida, desenvolvimento de ideais e realização de desejo. O desejo, como vimos, está vinculado ao limite e condenado a uma satisfação apenas parcial, além de dar trabalho e não garantir resultados imediatos. O desejo exige empenho e vai além da construção de uma mera imagem disso ou daquilo. Ele perde terreno, a olhos vistos, numa sociedade que busca retorno rápido a qualquer tipo de investimento e incentiva a concentração de esforços numa *marca pessoal* que configure a imagem de vencedor, agregando valores como lucro, competitividade, conquista individual, supremacia e fama.

Na *festa* do capitalismo avançado em que vivemos, encontramos basicamente duas categorias de sujeitos: aqueles que *aproveitam a festa até a última gota*, se deixam consumir e seguem as prescrições do excesso em práticas hedonistas em que o prazer só pode ser obtido na ultrapassagem de medidas; e os que não se acham merecedores do convite ou não sabem como consegui-lo, os *barrados no baile*. Poderíamos dizer que essa dupla e extrema forma de expressão, em crescimento na contemporaneidade, seria, em grande parte, fomentada pelo pano de fundo do capitalismo avançado e, de formas diferentes, contribui para ampliar o distanciamento do sujeito em relação ao registro do desejo, ilustrando o crescimento da dimensão do gozo.

O conceito de gozo teve suas primeiras formulações em Freud, no início de seu percurso, referido ao gozo sexual, e mais adiante em sua obra, embora não com esse termo. Depois de 1920, Freud faz referência a determinadas condições em que o sujeito obtém satisfação com o próprio sofrimento. Com a segunda teoria pulsional e o advento da pulsão de morte, avança nesse terreno intermediário entre o prazer e a dor que se enlaçam e se confundem. Coube a Jacques Lacan, em sua releitura do texto freudiano, nomear e definir o gozo como um dos conceitos de maior fertilidade para a abordagem das condições de vida contemporâneas. Para uma pesquisa mais ampla das depressões, é importante mencioná-lo, na medida em que as depressões podem ser consideradas, hoje, uma modalidade narcísica de gozo.

Desenvolvido ao longo de trinta anos no percurso de Lacan, o gozo adquire, paulatinamente, uma dimensão cada vez mais abrangente, de modo a interagir com outros conceitos, como é o caso do próprio sintoma, definido como uma forma de gozo. Através desse viés, chegamos à concepção de *novos sintomas* que seriam justamente os novos invólucros, *vestes* contemporâneas sob as quais ressurgem os problemas psíquicos na atualidade. Isso porque haveria, na composição de um sintoma psíquico, o pólo pulsional, por um lado, e, por outro, o contexto no qual esse sintoma se manifesta.

Podemos, sem dificuldade, perceber que as manifestações histéricas diferem das de setenta, oitenta anos atrás, quando foram descritas por Freud. Não em termos estruturais, bem entendido, mas em suas formas de expressão.

As depressões, igualmente, em sua dimensão neurótica, sofreram acentuadas mudanças não apenas em sua *fisionomia* como também em seu crescimento epidêmico. Daí a busca de elementos de nosso tempo que possam justificar tal crescimento, além de analisar suas características e especificidade. Se do ponto de vista pulsional não haveria novidade, ou seja, o circuito pulsional se repete da mesma maneira, resta procurar, no espaço da cultura, elementos que possam trazer luz às condições que percebemos hoje na clínica.

O abandono da via do desejo é o primeiro ponto a ser mencionado. O desejo, diz-nos Lacan, é um limite, uma defesa contra o gozo (1960-98). E o abandono, em larga escala, do registro do desejo em prol da aquisição frenética de bens proposta pela cultura do *ter* e do *parecer* acarreta, como conseqüência, uma ampliação da dimensão do gozo.

Para efeito de esclarecimento, vamos nomear duas dentre as várias formas de gozo mencionadas por Lacan: o *gozo sintomático*, que, no caso, estamos referindo às depressões contemporâneas, e o *mais-de-gozar*, que ilustra a condição de um gozo a mais, um prazer levado a limites extremos, um jogo cujo objetivo seria conduzir o sujeito a correr o risco, deliberado, de não sobreviver ou ainda, de sobreviver por um triz, *a vida por um fio*. Álcool, sexo, drogas, velocidade, violência contra si mesmo ou contra o outro, enfim, tudo o que possa trazer, como condimento especial, a proximidade com a morte. Acreditamos que as toxicomanias sejam o exemplo mais ilustrativo, embora não o único, dessa condição que reúne o consumo crescente, a insaciabilidade, o excesso, a busca pelo êxtase, ainda que por um instante. Essa seria uma das modalidades de gozo mais difundidas na contemporaneidade, que referimos anteriormente como partilhada por aqueles que entram na festa do consumo e sorvem dela *até a última gota*.

Basta pararmos para pensar e logo perceberemos que vivemos em ritmo frenético e que comportamentos compulsivos crescem à nossa volta, seja com relação ao trabalho, à ginástica, à boa forma, ao abuso de drogas, às compulsões alimentares, entre outros.

No outro extremo dessa condição, mas ainda assim submetidos às mesmas regras, estariam os deprimidos, aqueles que se deixam ficar inertes, à margem e à sombra dessa *sociedade do espetáculo* na qual *parecer* se torna praticamente sinônimo de existir. E, sem condições de ostentar uma imagem à altura, só lhes resta a desistência. Acreditamos que os fatores culturais tenham, efetivamente, uma profunda repercussão na *psicopatologia da vida cotidiana*, produzindo mudanças consideráveis na expressão da subjetividade. Nesse sentido é que, para pensarmos as depressões neuróticas, procuramos um modelo que, ao lado do modelo do luto proposto por Freud, pudesse nos dar elementos de reflexão e abrangência em face do que percebemos na contemporaneidade. Estamos propondo, assim, paralelo ao luto, o modelo da exclusão e não apenas da auto-exclusão, como poderia parecer. Estamos propondo a idéia de que alguns fatores que integram nossa cultura, hoje, possam estar agindo em somatório no sentido de potencializar os mecanismos neuróticos de exclusão. Tal subdivisão, sabemos, está longe de dar conta dos estados depressivos em suas diferentes especificidades. Mas, se considerarmos as estruturas neuróticas com suas manifestações de insatisfação diante do desejo, adiamento ou evitação de um confronto com ele, não será difícil percebermos o quanto a superexigência do alto desempenho aliada ao retorno financeiro contribui para uma inibição ainda maior do neurótico. Acreditamos que esses fatores estejam agindo sob a forma de pressão social — uma hiperexigência que convoca o sujeito de fora para dentro. Esse modelo nos parece fértil para estudar as mudanças que encontramos no *perfil* atual da demanda e, em particular, na grande demanda por atendimento de jovens deprimidos. Observamos, nos últimos anos, a chegada de moças e rapazes em busca de ajuda, sentindo-se aquém e à margem de um mercado de trabalho fechado, rigoroso e mesmo implacável. Poucas épocas históricas trouxeram tantas dificuldades de ingresso à idade adulta como a nossa.

Ao analisar questões trazidas por esse grupo em suas novas especificidades, percebemos em comum não apenas uma auto-avaliação bastante depreciativa como uma condição subjetiva diferente daquela do luto. Não se tratava, então, de recuperar um processo interrompido ou de ajudar a elaborar uma perda. Estávamos diante de um quadro de desesperança diante do amanhã e de apequenamento diante da vida, uma relutância em fazer escolhas e seguir adiante. Um grupo amedrontado, insatisfeito, refugiando-se no tédio, trazendo em seu repertório de queixas o sentimento de profunda insuficiência.

O sociólogo francês Alain Ehrenberg (1998), que desenvolveu ampla pesquisa no sentido de desenhar os contornos do indivíduo na contemporaneidade, dedica-se, no terceiro volume de sua trilogia, a pesquisar as depressões, interrogando como ela se impôs como a forma de sofrimento predominante e em que medida esse fenômeno seria revelador das mutações da individualidade ao fim do século XX. Referindo-se à cultura francesa, o autor traça um paralelo entre o crescimento das depressões e a ascensão de valores ligados à competitividade econômica e à competição esportiva. Assim, ter-se-ia difundido a idéia de um *indivíduo-trajetória* em busca da conquista de sua identidade social. Observa ainda que há, nos estados depressivos contemporâneos, um predomínio dos sentimentos de insuficiência, paralelamente ao esvaziamento da dimensão do conflito. A presença do conflito, nos quadros neuróticos, como ressaltamos, contribuía para que o sujeito se mantivesse em movimento. Nas depressões, contudo, o apagamento do conflito, o sentimento de fragilidade, instabilidade e precariedade diante da vida, deixam o sujeito capturado pela própria insuficiência. Além disso, segundo Ehrenberg, a vergonha substitui a culpa. O depressivo mergulha numa lógica na qual domina o sentimento de inferioridade, daí a vergonha que, por sua vez, aponta para a origem narcísica do distúrbio. E o narcisismo, ressalta o autor, não corresponde ao amor de si e, sim, ao aprisionamento a uma imagem ideal, inatingível, em face da qual o sujeito se sente impotente. De forma semelhante encontramos, em nossa prática clínica, sujeitos envergonhados diante de uma condição de suposta inferioridade física e/ou intelectual totalmente imaginária, mas, apegados a ela, refugiam-se em casa, por vezes em seus quartos, escondendo-se dos demais, recusando-se a questionar o próprio desejo.

Em seu texto *Inibição, sintoma e angústia* (1926), Freud observa que os estados depressivos se manifestam através de uma inibição generalizada. Estabelece uma diferenciação entre a inibição e o sintoma, uma vez que, na inibição, ocorrem limitações, restrições nas funções do eu, sobretudo em relação ao trabalho e ao amor. O sintoma, por sua vez, aparece como indício, substituto de uma satisfação pulsional que foi recalcada. No caso das inibições, Freud nos diz, "o eu renuncia a essas operações a fim de não entrar em conflito com o supereu" (p. 86). Podemos resgatar essa diferenciação privilegiando, no primeiro momento, o quadro de inibição apresentado pelos pacientes deprimidos. E concordamos igualmente com a idéia de que o conflito com freqüência não aparece logo, está como que adiado, encoberto por essa *bruma* de apatia e desvalorização que tomam a frente, paralisando ações e iniciativas e distanciando o sujeito de qualquer implicação com o seu desejo.

Se, como observou Ehrenberg, o conflito trazia inquietação e, de alguma maneira, impulsionava o sujeito ao movimento, o distanciamento do conflito está longe de apaziguá-lo. Na condição depressiva, é invadido por sentimentos de derrota, abandono e culpa. Se o desejo faz sempre um apontamento à falta, elemento indispensável ao movimento de busca, na condição depressiva que lhe é antagônica o sujeito fica referido ao lugar da falta em sua face dolorosa: paralisado, sem ânimo e sem esperança para realizar esse movimento.

Depressão, luto e melancolia em *tempos sombrios*

Para concluir nossa reflexão sobre o tema, gostaríamos de retomar algumas questões que mencionamos e, se possível, avançar na análise de como fatores inerentes ao nosso tempo podem contribuir para a ampliação dos estados depressivos. No vasto universo de referências de Bauman, selecionamos três aspectos que julgamos fundamentais a essa análise: a velocidade, o lixo e a liquidez dos vínculos. Na sociedade líquido-moderna as condições da vida social mudam num tempo mais curto do que aquele que seria necessário para que seus membros consolidem hábitos, rotinas e formas de agir. Realizações individuais, posses e mesmo capacidades desenvolvidas, por vezes ao longo de anos, envelhecem rapidamente e se tornam obsoletas e mesmo inúteis diante da rapidez com que se processam as mudanças e conseqüentemente as demandas externas. Qual de nós não presenciou, por exemplo, no campo da informática, um profissional ascender ao topo e cair de modo abrupto, sendo condenado a um subemprego ou mesmo ao desemprego por estar defasado? Nas palavras de Bauman, "a vida numa sociedade líquido-moderna não pode ficar parada, deve modernizar-se (...) ou perecer" (p. 9). O ritmo tem que se adequar ao movimento ininterrupto do mercado, e não é por outro motivo que vemos, a todo instante, lojas, academias e caixas eletrônicos, entre outros, ampliarem seus serviços 24 horas. A contemporaneidade não admite limites à aceleração, pelo contrário, ela a incentiva. O rumo está traçado, e parece-nos, em muitos aspectos, irreversível. Tais condições não apresentam apenas desvantagens. Sem querer adotar uma posição saudosista ou mesmo melancólica em *busca do tempo perdido*, cumpre-nos analisar as conseqüências, na subjetividade, das mudanças e da velocidade em que se processam.

A velocidade está diretamente associada ao segundo fator, o lixo. Segundo Bauman, o lixo é o principal produto da sociedade líquida. Sob o ritmo da alta velocidade, todos os objetos têm um tempo de validade para perecer, limite último de sua função. O que define sua função, sabemos, é ser adequado ao consumo. Quando se tornam inúteis, esses objetos devem ser, o mais rapidamente possível, encaminhados ao lixo para que abram lugar a novos objetos. Numa sociedade de consumidores, como sugere o autor, ninguém pode deixar de ser um objeto de consumo, e a distinção entre ser sujeito e objeto é tênue, circunstancial, efêmera. E os sujeitos, convertidos em objetos, precisam aprender uma regra de ouro para sua sobrevivência: evitar a todo preço serem excluídos — em outras palavras, serem jogados no lixo. Este passou a ser um dos medos fundamentais do sujeito, tanto do ponto de vista profissional quanto pessoal e amoroso: ser considerado inútil pela sociedade e presenciar sua substituição. No culto ao imediato em que vivemos, o valor de permanência quase perde o sentido diante do novo valor. E os consumidores, ávidos por novidades, aceitam com docilidade a curta duração das coisas.

Não podemos nos iludir. Não somos sujeitos do consumo apenas quando entramos nos supermercados ou escolhemos, com atenção, o presente para um amigo. Os padrões de consumo são amplos, interferem em nossa vida mais do que gostaríamos de admitir, e o marketing penetra em campos da existência que estavam fora do registro das trocas monetárias. Será que hoje, primeira década do século XXI, algum segmento da vida está a salvo desse registro? Se observarmos a cultura bancária e empresarial no Brasil, logo perceberemos que a maturidade é vista como sinônimo de desatualização e obsolescência. E, de acordo com a *lei do lixo*, o entulho deve ser removido para que possa dar lugar a jovens bem preparados para exercer as mesmas funções.

A experiência acumulada é vista, muitas vezes, como pejorativa, repetitiva e, em nome do arrojo e da criatividade, perde espaço no mercado de trabalho. O medo do desemprego é um fantasma que assombra muitas famílias. A imposição de um ritmo veloz repercute na esfera íntima. As coisas passam, de uma maneira geral, tão rapidamente, que o sujeito precisa equipar-se para responder-lhes com igual rapidez. Isso esbarra no tempo subjetivo, em particular no tempo do luto, como mencionamos. Mas o tempo do luto, como o tempo da tristeza e da dor, é fortemente combatido na contemporaneidade. Cumpre atender ao mandado da *obrigação de ser feliz* (Silvestre, 1999), segundo o qual o sujeito precisa manter-se ativo, produtivo e vigoroso, sem o que seu emprego e, eventualmente, seu vínculo amoroso podem correr sérios riscos. Esse imperativo age sobre o sujeito por vezes de forma clara e, em outras ocasiões, de forma subliminar, mas é importante ser rápido na recuperação. O luto cobra um tempo de elaboração, durante o qual todo o investimento destinado ao objeto perdido precisa retornar ao eu. Até que o eu possa voltar a investir no mundo, é necessário que se processe o que Freud denominou *trabalho de luto*: um processo que envolve tempo e reclusão. É durante esse tempo que o sujeito, com suas recordações, pode rever e nomear, para si mesmo, tudo o que perdeu. Precisa também pensar em como ficou depois dessa perda, com que mudanças precisa arcar e qual a sua extensão. A rapidez imposta pelo exterior demanda uma resposta pronta, atropelando o tempo subjetivo que se processa em outro ritmo. Os valores do mercado funcionam como uma fôrma à qual o sujeito precisa moldar-se a qualquer preço. Isso resulta, muitas vezes, em lutos interrompidos ou precipitados que podem vir a desembocar em manifestações melancólicas ou depressivas.

O terceiro aspecto de nossa discussão é a liquidez dos vínculos. O laço social que apresentava, nas condições da modernidade, uma perspectiva de estabilidade e alguns elementos de solidez que justificavam o empenho e o eventual sacrifício de desejos imediatos tornou-se frouxo. Em todos os aspectos da cultura, segundo Bauman, pode-se perceber o enfraquecimento das estruturas sociais, como conseqüência do declínio da dimensão do longo prazo. Esse aspecto, tão visível na vida econômica, incide de forma inevitável sobre os vínculos conjugais e amorosos, e até mesmo nas amizades. A competitividade invade as relações, reduzindo a cota de solidariedade humana que conforta e ameniza os golpes da vida, e contribui para o individualismo e o aprisionamento narcísico. A própria cultura promove o isolamento do sujeito em intensa interação com seus aparelhos e em conexões e desconexões com o outro, propiciando parcerias transitórias, interações superficiais dentro do modelo do *amor líquido* (Bauman, 2003).

"Os vínculos humanos", observa Bauman (2007, *op. cit.*), "são confortavelmente frouxos mas, justo por isso, terrivelmente precários" (p. 107). Para o autor, a idéia seria a de *ligar-se ligeiramente a qualquer coisa que se apresente e deixá-la ir sem dificuldades* — ou seja, ganhar agilidade para não perecer. As relações perdem consistência e transformam-se em parcerias provisórias enquanto duram os interesses comuns

— por vezes até mesmo ter um filho. Valores familiares sofrem transformações muito semelhantes com uma mudança na configuração da família ao longo das últimas décadas. Mas há, sem dúvida, aspectos favoráveis, como a ampliação maciça das comunicações e a crescente independência das mulheres. Esse fator, aliás, por si só, relativizou a permanência de uma vida em comum. Analisado em conjunto com outros fatores — familiares, amorosos e profissionais —, percebemos uma crescente instabilidade que exige do sujeito flexibilidade, adaptação rápida às mudanças e capacidade de superar a precariedade da vida, tarefa nem sempre possível, sobretudo se pensarmos que, até recentemente, a educação transmitia os valores da modernidade em relação aos quais havia alguma expectativa de estabilidade.

Mandados como *ganhar o máximo e perder o mínimo* fornecem uma moldura aos novos padrões de relacionamento, que, tanto quanto as iniciativas profissionais e econômicas, não apresentam nenhuma garantia.

Freud (1925) referiu-se às condições de desamparo inerentes ao sujeito, aplicáveis a qualquer época. A essas condições podemos somar o desamparo do sujeito diante de um mundo globalizado que escapa totalmente ao seu controle, cujas regras mudam rapidamente e em relação ao qual o sujeito pode ficar de fora, só lhe restando o espaço indiferenciado do lixo. Podemos inferir que, no mundo atual, a impotência do sujeito fica substancialmente maior.

Christopher Lasch (1983-4), professor de história e psicólogo, há vinte anos já observava modificações na demanda clínica com o aparecimento de pacientes sem sintomas definidos e com insatisfações difusas, sentimentos de vazio, depressão, violentas oscilações de auto-estima, inibições e dificuldades em progredir. Para esse autor, tais pacientes cultivariam uma superficialidade protetora nas relações emocionais, evitando envolvimentos íntimos, buscando experiências emocionais excitantes, mas, ao mesmo tempo, temerosos em face da entrega. O autor chega à idéia de que vivemos *um novo narcisismo*, identificando-o como fenômeno social, fruto da intensificação do regime econômico. Entre as características do *novo narcisismo* cita o temor do envelhecimento e da morte, o fascínio pela celebridade, o medo à competição, o declínio do espírito lúdico e a deterioração das relações entre homens e mulheres.

Consideramos esse autor, que se comunicava de forma muito simples com seus leitores, um verdadeiro antevisor dos *tempos sombrios* que hoje vivemos. No tocante aos medos, por exemplo, impossível não perceber, nas grandes cidades do Brasil de hoje, a ampliação dos temores, a desconfiança em relação ao outro, as crescentes manobras no sentido da autoproteção. Vemos prosperar a indústria da segurança com o aperfeiçoamento dos veículos blindados, das grades de todos os tipos e câmeras de vídeo que se multiplicam em nossos prédios e condomínios. Finalmente o medo invadiu o próprio comportamento, e nossas ações diárias são por ele ditadas. Para lidar com a incerteza e a insegurança em relação ao amanhã, o sujeito busca um *eu-forte*, entendendo-se essa noção como aquele que sabe se posicionar, que tem aparência e atitude, consegue gerenciar sua vida e, finalmente, ser bem-sucedido do ponto de vista econômico.

Partilhamos, com Lasch, a idéia de que um *novo narcisismo* se esboça em nossa cultura. Mas por que novo? O que haveria de novo seriam os imperativos sociais, os mandamentos do consumo que precisa criar mercados progressivamente mais amplos, interferindo em todos os segmentos da vida. Vemos, por exemplo, um número cada vez maior de crianças com seu mercado próprio, que inclui, além de brinquedos, maquiagem, vestuário e serviços especializados. O sujeito, como Narciso, sucumbe à paixão da imagem, atrelando-se à busca desenfreada de algo que nada mais é do que o olhar do outro, olhar de apreço, admiração e, sobretudo, aplauso. Este seria, em nossa interpretação, o novo narcisismo proposto por Lasch, que teria, como pano de fundo, a *sociedade do espetáculo* (Debord, 1970). Sujeitos *infantilizados* em busca do olhar do outro, uma vez que, como mencionamos, o *parecer* se tornou sinônimo do existir.

As depressões são distúrbios narcísicos, e, nessa medida, não devemos nos espantar em vê-las crescer na atualidade. É possível até compreender esse crescimento, uma vez que a cultura passou a incentivá-lo, a concorrer no processo de sua ampliação. Ao alimentar indiscriminadamente o narcisismo, não estamos fornecendo incentivo apenas à vaidade, ao aperfeiçoamento, no sujeito, de uma imagem de vencedor, de um *ágil velocista* dos tempos pós-modernos. Todo um conjunto de conseqüências advém, e, cada vez mais, temos visibilidade delas, sobretudo se levarmos em conta não apenas o levantamento feito pelos pensadores da atualidade que aqui citamos, mas uma persistente observação desenvolvida ao longo de muitos anos de *escuta* num consultório de psicanálise.

A reflexão de pensadores como Lasch, Debord, Giddens, Bauman e Erenberg, em que nos debruçamos, conflui na mesma direção, no sentido de propor uma análise crítica da cultura examinando possíveis efeitos na subjetividade. A nós, analistas, cabe prosseguir o trabalho de observação e de análise relacionando tais considerações às *novas vestes* do sintoma na clínica contemporânea.

O consultório recebe, de alguma maneira — embora não apenas isso: resíduos, excedentes, conseqüências de processos educativos característicos de determinada época e que correspondem a um conjunto de valores não perceptíveis, por vezes, de imediato, mas que vão chamando a atenção pela repetição insistente. Esse parece ter sido o caminho das depressões, que passaram da condição de sintomas eventuais, a um verdadeiro *mal do século*, deixando inclusive os terrenos da psicopatologia, da psiquiatria e da psicanálise para invadir o campo da sociologia e da filosofia. Nesse sentido, a epidemia depressiva mostra-se reveladora das questões do homem contemporâneo, sobretudo do final do século XX e início do século XXI. O trabalho psicanalítico, no entanto, está de alguma forma associado ao lugar da resistência e da crítica. Cabe ao analista tentar, ainda que sob um pano de fundo desfavorável, levando em conta os imperativos culturais, abrir espaço à elaboração e acreditar que é possível rever o olhar em relação a essa ou àquela circunstância e trabalhar na perspectiva de uma mudança. Havendo criatividade, novas saídas podem ser encontradas. No tocante ao olhar melancólico, tão vulnerável às perdas, é preciso ganhar terreno na expectativa de promover retificações subjetivas, redirecionamentos narcísicos, ganhos em relação às inibições e uma outra destinação ao sintoma.

No momento de concluir, resgatamos o artigo *Luto e melancolia*, contribuição freudiana que acaba de comemorar seu nonagésimo aniversário, do qual partiram as primeiras formulações para a abordagem das depressões e cujo vigor até hoje inspira o trabalho clínico e alimenta a pesquisa. O texto de 1915 tornou-se um clássico, leitura imprescindível e ponto de partida para novas elaborações.

BIBLIOGRAFIA

ANDRÉ, S. *A impostura perversa*. Rio de Janeiro: Jorge Zahar Editor, 1995.

BARROS, E.B. *Eu Narciso outro Édipo*. Rio de Janeiro: Relume-Dumará, 1991.

BAUMAN, Z. *Amor líquido*. Sobre a fragilidade dos laços humanos. Rio de Janeiro: Jorge Zahar Editor, 2003.

__________. *Vida líquida*. Rio de Janeiro: Jorge Zahar Editor, 2007.

DEBORD, G. *A sociedade do espetáculo*. Rio de Janeiro: Contraponto, 1997.

DINES, A. *Morte no paraíso*. Rio de Janeiro: Rocco, 2004.

EHRENBERG, A. *La fatigue d'être soi. Dépression et societé*. Paris: Odile Jacob, 1998.

FREUD, S. *Manuscrito G. Melancolia* (1895). *In: Obras completas*. Buenos Aires: Amorrortu Editores, 1994, vol. II.

__________. *Estudos sobre la histeria* (Breuer y Freud). *In: Obras completas*. Buenos Aires: Amorrortu Editores, 1994, vol. II.

__________. *La interpretación de los sueños* (1900). *In: Obras completas*. Buenos Aires: Amorrortu Editores, 1994, vols. IV-V.

__________. *La moral sexual cultural y la nervosidad moderna* (1908). *In: Obras completas*. Buenos Aires: Amorrortu Editores, 1994, vol. IX.

__________. *Totem y tabu* (1913). *In: Obras completas*. Buenos Aires: Amorrortu Editores, 1994, vol. XIII.

__________. *Introducción del narcisismo* (1914). *In: Obras completas*. Buenos Aires: Amorrortu Editores, 1994, vol. XIV.

__________. "La desilusión provocada por la guerra". *In: De guerra y muerte, Temas de actualidad* (1915). *Obras completas*. Buenos Aires: Amorrortu Editores, 1994, vol. XIV.

__________. *Duelo y melancolia* (1917). In: *Obras completas*. Buenos Aires: Amorrortu Editores, 1994, vol. XVI.

__________. *Más allá del principio de prazer* (1920). *In: Obras completas*. Buenos Aires: Amorrortu Editores, 1994, vol. XVIII.

__________. *Psicologia de las masas y análisis del yo* (1921). In: *Obras completas*. Buenos Aires: Amorrortu Editores, 1994, vol. XVIII.

__________. *Ely o y el ello* (1923). In: *Obras completas*. Buenos Aires: Amorrortu Editores, 1994, vol. XIX.

__________. *Una neurose demoníaca em el siglo XVII* (1923). In: *Obras completas*. Buenos Aires: Amorrortu Editores, 1994, vol. XIX.

__________. *Neurosis y psicosis* (1924) *In: Obras completas*. Buenos Aires: Amorrortu Editores, 1994, vol. XIX.

__________. *El problema económico del masoquismo* (1924). In: *Obras completas*. Buenos Aires: Amorrortu Editores, 1994, vol. XIX.

__________. *Inibición, sintoma y angustia* (1925) *In: Obras completas*. Buenos Aires: Amorrortu Editores, 1994, vol. XXI.

__________. *El malestar en la cultura* (1930) *In: Obras completas*. Buenos Aires: Amorrortu Editores, 1994, vol. XXI.

GAY, P. *Freud: uma vida para o nosso tempo*. São Paulo: Companhia das Letras, 1989.

GIDDENS, A. *O mundo em descontrole — o que a globalização está fazendo de nós*. Rio de Janeiro: Jorge Zahar Editor, 1996.

JONES, E. *Vida e obra de Sigmund Freud*. Rio de Janeiro: Jorge Zahar Editor, 1970, vols. I-II.

LACAN, J. "Subversão do sujeito e dialética do desejo no inconsciente freudiano (1960)". In: *Escritos*. Rio de Janeiro: Jorge Zahar Editor, 1998.

__________. *O Seminário 5. As formações do inconsciente* (1957-58). Rio de Janeiro: Jorge Zahar Editor, 1999.

LAMBOTTE, M.C. *O discurso melancólico*. Rio de Janeiro: Companhia de Freud, 1997.

LASCH, C. *A cultura do narcisismo: a vida americana numa era de esperanças em declínio*. Rio de Janeiro: Imago, 1983.

__________. *O mínimo eu:* sobrevivência psíquica em tempos difíceis. São Paulo: Brasiliense, 1984.

LEME LOPES, J. "A psiquiatria na época de Freud: evolução do conceito de psicose em psiquiatria". *Revista Brasileira de Psiquiatria*, nº 1, março de 2001, vol. 23 (publicação póstuma).

Manual diagnóstico e estatístico de transtornos mentais (DSM-IV-TR). American Psychiatric Association. Porto Alegre: Artes Médicas Editora, 2002.

MELMAN, C. *L'Homme sans gravité*: jouir à tout prix. *Entretiens avec Jean-Pierre Lebrun*. Paris: Denoël, 2002.

MENDLOWICZ, E. "Trauma e depressão". *In:* A.M. RUDGE (org.). *Traumas*. São Paulo: Escuta, 2006.

PRIGENT, H. *Mélancolie. Les métamorpheses de la dépression*. Paris: Découvertes Gallimard, 2005.

ROUDINESCO, E. *Por que a psicanálise?* Rio de Janeiro: Jorge Zahar Editor, 2000.

SILVESTRE, D. "A obrigação de ser feliz". *In:* A. Quinet, (org.). *Extravios do desejo: depressão e melancolia*. Rio de Janeiro: Marca d'Água, 1999.

CRONOLOGIA DE SIGMUND FREUD*

1856: Sigmund Freud nasce em Freiberg, antiga Morávia (hoje na República Tcheca), em 6 de maio.
1860: A família Freud se estabelece em Viena.
1865: Ingressa no *Leopoldstädter Gymnasium*.
1873: Ingressa na faculdade de medicina, em Viena.
1877: Inicia pesquisas em neurologia e fisiologia. Primeiras publicações (sobre os caracteres sexuais das enguias).
1881: Recebe o título de doutor em medicina.
1882: Noivado com Martha Bernays.
1882-5: Residência médica no Hospital Geral de Viena.
1885-6: De outubro de 1885 a março de 1886, passa uma temporada em Paris, estagiando com Charcot no hospital Salpêtrière, período em que começa a se interessar pelas neuroses.
1884-7: Dedica-se a estudos sobre as propriedades clínicas da cocaína, envolve-se em polêmicas a respeito dos efeitos da droga.
1886: Casa-se com Martha Bernays, que se tornará mãe de seus seis filhos.
1886-90: Exerce a medicina como especialista em "doenças nervosas".

---

* Os títulos assinalados em negrito marcam os livros que integram a coleção Para ler Freud.

1892-5: Realiza as primeiras pesquisas sobre a sexualidade e as neuroses; mantém intensa correspondência com o otorrinolaringologista Wilhelm Fliess.

1895: Publica os *Estudos sobre a histeria* e redige **Projeto de psicologia para neurólogos**, que só será publicado cerca de cinqüenta anos depois.

1896: Em 23 de outubro, falece seu pai, Jakob Freud, aos oitenta anos de idade.

1897-9: Auto-análise sistemática; redação de **Interpretação dos sonhos**.

1899: Em 15 de novembro, publicação de *Interpretação dos sonhos*, com data de 1900.

1901: Em setembro, primeira viagem a Roma.

1902: Fundação da Sociedade Psicológica das Quartas-Feiras (que em 1908 será rebatizada de Sociedade Psicanalítica de Viena). Nomeado professor titular em caráter extraordinário da Universidade de Viena; rompimento com W. Fliess.

1903: Paul Federn e Wilhelm Stekel começam a praticar a psicanálise.

1904: **Psicopatologia da vida cotidiana** é publicada em forma de livro.

1905: Publica *Três Ensaios sobre a teoria da sexualidade*, *O caso Dora*, *O chiste e sua relação com o inconsciente*. Edward Hitschmann, Ernest Jones e August Stärcke começam a praticar a psicanálise.

1906: C. G. Jung inicia a correspondência com Freud.

1907-8: Conhece Max Eitingon, Jung, Karl Abraham, Sándor Ferenczi, Ernest Jones e Otto Rank.

1907: Jung funda a Sociedade Freud, em Zurique.

1908: Primeiro Congresso Psicanalítico Internacional (Salzburgo). Freud destrói sua correspondência. Karl Abraham funda a Sociedade de Berlim.

1909: Viagem aos Estados Unidos, para a realização de conferências na Clark University. Lá encontra Stanley Hall, William James e J. J Putman. Publica os casos clínicos *O homem dos ratos* e **O pequeno Hans**.

1910: Congresso de Nurembergue. Fundação da Associação Psicanalítica Internacional. Em maio, Freud é designado membro honorário da Associação Psicopatológica Americana. Em outubro, funda o *Zentralblatt für Psychoanalyse*.

1911: Em fevereiro, A. A. Brill funda a Sociedade de Nova York. Em maio, Ernest Jones funda a Associação Psicanalítica Americana. Em junho, Alfred Adler afasta-se da Sociedade de Viena. Em setembro, realização do Congresso de Weimar.

1912: Em janeiro, Freud funda a revista *Imago*. Em outubro, Wilhelm Stekel se afasta da Sociedade de Viena.

1912-14: Redige e publica vários artigos sobre técnica psicanalítica.

1913: Publica **Totem e tabu.**

1913: Em janeiro, Freud funda a *Zeitschrift für Psychoanalyse*. Em maio, Sándor Ferenczi funda a Sociedade de Budapeste. Em setembro, Congresso de Munique. Em outubro, Jung corta relações com Freud. Ernest Jones funda a Sociedade de Londres.

1914: Publica **Introdução ao narcisismo**, *História do movimento psicanalítico* e redige o caso clínico *O homem* *dos lobos*. Em abril, Jung renuncia à presidência da Associação Internacional. Em agosto, Jung deixa de ser membro da Associação Internacional.

1915: Escreve o conjunto de artigos da chamada metapsicologia, nos quais se incluem **As pulsões e seus destinos**, **Luto e melancolia** (publicado em 1917) e **O inconsciente**.

1916-7: Publicação de *Conferências de introdução à psicanálise*, últimas pronunciadas na Universidade de Viena.

1917: Georg Grodeck ingressa no movimento psicanalítico.

1918: Em setembro, Congresso de Budapeste.

1920: Publica **Além do princípio do prazer**, em que introduz os conceitos de "pulsão de morte" e "compulsão à repetição"; início do reconhecimento mundial.

1921: Publica *Psicologia das massas e análise do ego*.

1922: Congresso em Berlim.

1923: Publica *O ego e o id*; descoberta de um câncer na mandíbula e primeira das inúmeras operações que sofreu até 1939.

1924: Rank e Ferenczi manifestam divergências em relação à técnica analítica.

1925: Publica *Autobiografia* e *Algumas conseqüências psíquicas da diferença anatômica entre os sexos*.

1926: Publica *Inibição, sintoma e angústia* e *A questão da análise leiga*.

1927: Publica **Fetichismo** e *O futuro de uma ilusão*.

1930: Publica **O mal-estar na civilização**; entrega do único prêmio recebido por Freud, o Prêmio Goethe de Literatura, pelas qualidades estilísticas de sua obra. Morre sua mãe.

1933: Publica *Novas conferências de introdução à psicanálise*. Correspondência com Einstein publicada sob o título de *Por que a guerra?*. Os livros de Freud são queimados publicamente pelos nazistas em Berlim.

1934: Em fevereiro, instalação do regime fascista na Áustria, inicia o texto *Moisés e o monoteísmo*, cuja redação e publicação continuam até 1938-9.

1935: Freud é eleito membro honorário da British Royal Society of Medicine.

1937: Publica *Construções em análise* e *Análise terminável ou interminável*.

1938: Invasão da Áustria pelas tropas de Hitler. Sua filha Anna é detida e interrogada pela Gestapo. Partida para Londres, onde Freud é recebido com grandes honras.

1939: Em 23 de setembro, morte de Freud, que deixa inacabado o *Esboço de psicanálise*; seu corpo é cremado, e as cinzas, colocadas numa urna conservada no cemitério judaico de Golders Green.

Este livro foi composto na tipografia
Berkeley Std, em corpo 11/19, e impresso em
papel off-white no Sistema Digital Instant Duplex
da Divisão Gráfica da Distribuidora Record.